U0463833

重庆文化遗产保护系列丛书

三峡后续考古发现

重庆市文物考古研究院
重庆文化遗产保护中心　编著

（第三卷）

四川大学出版社
SICHUAN UNIVERSITY PRESS

图书在版编目（CIP）数据

三峡后续考古发现．第三卷 / 重庆市文物考古研究院，重庆文化遗产保护中心编著．-- 成都：四川大学出版社，2024.11
ISBN 978-7-5690-6474-2

Ⅰ．①三… Ⅱ．①重… ②重… Ⅲ．①三峡－考古发现－图集 Ⅳ．① K872.630.2

中国国家版本馆 CIP 数据核字（2023）第 226325 号

书　　　名：三峡后续考古发现（第三卷）
　　　　　　Sanxia Houxu Kaogu Faxian（Di-san Juan）
编　　　著：重庆市文物考古研究院　重庆文化遗产保护中心

选题策划：梁　胜
责任编辑：梁　胜
责任校对：孙滨蓉
装帧设计：墨创文化
责任印制：李金兰

出版发行：四川大学出版社有限责任公司
　　　　　地址：成都市一环路南一段 24 号（610065）
　　　　　电话：（028）85408311（发行部）、85400276（总编室）
　　　　　电子邮箱：scupress@vip.163.com
　　　　　网址：https://press.scu.edu.cn
印前制作：成都墨之创文化传播有限公司
印刷装订：四川省平轩印务有限公司

成品尺寸：185 mm×260 mm
印　　张：15.5
字　　数：232 千字

版　　次：2024 年 11 月 第 1 版
印　　次：2024 年 11 月 第 1 次印刷
定　　价：360.00 元

扫码获取数字资源

四川大学出版社
微信公众号

前言 QIANYAN

    国务院于 2011 年批准实施三峡后续工作规划，三峡库区文物保护工作翻开了新的篇章，进入了"后三峡"时期。

    三峡后续考古工作紧紧围绕消落区地下文物保护和大遗址保护两大主题开展。其中，消落区地下文物保护为抢救性发掘，以抢救消落区出露文物为主要任务，实施周期集中在 2011 年至 2018 年。经过多年工作，三峡后续考古工作圆满完成了规划任务，有效实现了对库区消落区内出露文物的及时保护，一度严峻的三峡库区文物保护形势得到了明显缓解。通过这些工作，取得了多项重要考古发现，发现了一大批遗址、墓葬，极大充实了库区文物资源，其中重要者已列入国家级、省级文物保护单位，库区不可移动文物的保护等级得到有效提升，数量丰富的出土文物大幅充实了三峡库区区县馆藏文物数量，进一步增强了三峡库区文化软实力①。

① 重庆市文化遗产研究院、重庆文化遗产保护中心编著：《重庆三峡后续工作考古出土文物图集》，科学出版社，2020 年。

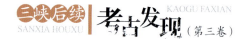

　　为了更好地展示三峡后续考古工作成果，重庆市文物考古研究院筹划编撰一套三卷本的集科学性与普及性于一体的考古发现图集，以区县为单位介绍三峡后续考古成果。本书为第三卷，涵盖丰都、涪陵、长寿、渝北、南岸等区县的相关考古成果。每个区县由县域概况、既往考古工作简述、三峡后续考古成果综述、三峡后续代表性考古发现等章节组成，尽可能全面、系统、科学地介绍各区县三峡后续考古工作中代表性的考古发现。由于长寿、渝北和南岸项目较少，合为一篇予以介绍。

　　2000 年，重庆市文物考古所成立，2011 年更名为重庆市文化遗产研究院（重庆文化遗产保护中心），2021 年更名为重庆市文物考古研究院（重庆文化遗产保护中心），本书中单位名称按项目实施时名称表述。

本书编委会

目录
CONTENTS

丰都篇

涪陵篇

长寿、渝北、南岸篇

丰都篇

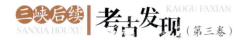

一、县域概况

（一）地理环境

丰都县位于重庆市东北部，其地东依石柱土家族自治县，南接武隆区、彭水苗族土家族自治县，西靠涪陵区，北邻忠县、垫江县，全县面积 2901 平方公里。县境地貌为一系列褶皱山系构成，长江横贯中部。江南以七曜山脉和方斗山脉为主，江北有蒋家山和黄草山。县境地势东南高、西北低，山脉呈东北至西南走向。"四岭夹三槽"是丰都境内地貌的显著特征。流经县境的河流除长江外，南岸有龙河，北岸有渠溪河、碧溪河，均注入长江，并以上述河流连接 55 条支流构成境内水系。

丰都县属亚热带湿润季风气候，常年气候温和，雨量充沛，春旱冷暖多变，夏季炎热多伏旱，秋凉多绵雨，冬冷无严寒。

（二）历史沿革

丰都商周时期县境属巴国，秦属巴郡枳县。西汉属益州巴郡枳县。东汉和帝永元二年（90 年），分枳邑置平都县，治所倚平都山（名山），故名，是为丰都建县之始，属益州巴郡；献帝初平元年至建安五年（190—200 年），属益州永宁郡。

三国蜀汉延熙十七年（254 年），并入临江县，属益州巴郡。西晋属梁州巴郡。成汉属荆州巴郡。东晋属梁州巴郡。南朝宋初，属益州巴郡；齐属巴州巴郡；梁属楚州临江郡；北朝西魏、北周属临州临江郡。

隋开皇三年（583 年），属临州临江县；大业三年（607 年），属巴东郡临江县；恭帝义宁二年（618 年），分临江县置酆都县，属临州。

唐贞观八年（634 年），隶山南道忠州；天宝元年（742 年），属山南东道南宾郡；乾元元年（758 年），属山南东道忠州。

五代前、后蜀，属忠州。北宋真宗时，属夔州路忠州南宾郡；徽宗政和元年（1111 年）复入临江县；南宋绍兴元年（1131 年），复置丰都县；度宗咸淳元年（1265 年），属夔州路咸淳府。

元属四川行省重庆路忠州。至元二十一年（1284 年），今垫江县并入丰都；至正二十二年（1362 年），明玉珍大夏政权时，垫江分出。

明洪武十年（1377 年），丰都县并入涪州，属四川承宣布政使司重庆府；洪武十三年（1380 年），自涪州分出，复置县，改名酆都，属重庆府忠州。

清康熙十三年（1674 年），酆都县为吴三桂军占领；十九年（1680 年）清军复收；雍正十二年（1734 年），隶忠州直隶州；嘉庆七年（1802 年），隶川东道忠州直隶州。

民国元年（1912 年），隶四川省忠州；民国二年（1913 年），隶四川行政公署川东道；民国三年（1914 年），隶四川巡按使公署东川道；民国十七年（1928 年），直隶四川省；民国二十四年（1935 年），隶四川省第八行政督察区。

中华人民共和国成立后，1950 年隶西南区川东行署区涪陵专区；1952 年9 月，隶四川省涪陵专区；1958 年县名酆都改为丰都；1968 年至 1995 年，丰都县隶四川省涪陵地区；1996 年设立地级涪陵市，丰都隶属涪陵市。1997 年12 月，丰都县正式由重庆直辖市管辖。

（三）文物资源

2007 年 9 月—2011 年 12 月，第三次全国文物普查期间，丰都县发现不可移动文物 1076 处，其中古遗址 83 处，古墓葬 790 处，古建筑 98 处，石窟寺及石刻 46 处，近现代重要史迹及代表性建筑 58 处，其他遗迹 1 处[①]。

---

① 重庆市第三次全国文物普查领导小组办公室、重庆市文化遗产研究院：《巴渝记忆 重庆文脉：重庆市第三次全国文物普查》，重庆出版社，2015 年，第 91 页。

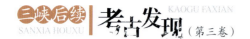

在保护级别方面，截至 2022 年，全国重点文物保护单位 3 处，重庆市文物保护单位 10 处，丰都县文物保护单位 55 处[①]。

二、既往考古工作简述

丰都县县境的田野考古工作始于 20 世纪 50 年代。1958 年，长江考古队在镇江杜家坝龙井沟发现有新石器时代遗址，采集到石斧、绳纹陶片、红陶片等标本[②]。20 世纪 80、90 年代，为了配合三峡工程建设，丰都县开展了数次文物普查。20 世纪 90 年代末至 21 世纪初，围绕三峡工程建设开展的考古工作成为丰都县文物考古工作的核心，不可移动文物和可移动文物发现数量在这一时期有大幅度增长。与此同时，随着社会经济的发展，配合基本建设开展的考古工作也逐渐增多，大量文物得到及时的抢救性保护。

（一）三峡工程文物保护考古工作

丰都县三峡工程文物保护工作在 1997 年以前主要是配合三峡工程保护规划编制而开展的专项调查与试掘工作。1985 年的三峡库区文物调查队和 1987 年的全县文物普查共发现地下文物 493 处，其中遗址 13 处，墓葬 480 处。1992 年 6—7 月，四川省文物考古研究所三峡库区地下文物调查组对丰都境内淹没区和安置区内地下文物进行了全面调查，本次调查共确定文物点 40 处，其中遗址 27 处，汉墓群 13 处。1993 年 12 月—1994 年 4 月，四川省文物考古研究所组成丰都县三峡工程淹没区地下文物保护规划工作队对县境淹没区

① 刘屏主编：《平都遗韵》，长江出版社，2012 年。

② 四川省文物考古研究所：《四川省文物部门三峡库区考古大事记》，《四川文物》2003 年第 3 期。

地下文物进行了全面复查、重点调查和补查以及勘探、试掘等工作①。

1997 年，三峡工程建设正式启动，丰都县的文化遗产保护与考古工作迎来了大发展。

旧石器时代考古方面，县境长江两岸的二、三级基座阶地集中发现了三峡地区旧石器时代中期遗址，包括高家镇遗址、冉家路口遗址、枣子坪遗址、井水湾遗址、池坝岭遗址、烟墩堡遗址、老鹰嘴遗址、范家河遗址等，构成规模可观的遗址群。高家镇遗址发现的石制品以大型砍砸器为主，运用锤击法剥片和简单加工，具有中国南方旧石器时代主工业鲜明特点；枣子坪遗址石制品具有长宽等比小型化的特点，预示三峡地区南方主工业由早到晚石片石器增加，且有长宽等比小型化发展的趋势②。

玉溪遗址、玉溪坪遗址是丰都新石器时代考古中最为重要的两处遗址。1999 年发现的丰都玉溪遗址属于新石器时代中期遗存，遗址出土石制品多达上万件，多为一次成型、简单修理的石锄、砍砸器等石片石器，也有少量磨制的条形石斧。陶器数量较少，制法原始、器类简单，以釜的变化特征明显，其中玉溪下层遗存年代距今 7600—6300 年，玉溪上层遗存年代距今约6200 年。玉溪坪文化以玉溪坪遗址为代表，时代大致相当于屈家岭文化时期，距今 5100—4600 年，盛行折沿罐器物群，在东起湖北宜昌、西至渝西、东南到贵州东北、北达四川东北的广大地域皆有发现，属于重庆峡江新石器晚期文化的代表③。在石地坝遗址、秦家院子遗址、沙溪嘴遗址发现了一定数量的玉溪坪文化遗存，观石滩遗址发现有少量中坝文化遗存。

① 国务院三峡工程建设委员会办公室、国家文物局：《长江三峡工程淹没及迁建区文物古迹保护规划报告》，中国三峡出版社，2009 年，第 598 页。
② 邹后曦：《重庆考古 60 年》，《四川文物》2009 年第 6 期。
③ 邹后曦：《重庆考古 60 年》，《四川文物》2009 年第 6 期。

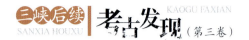
商周时期的考古遗存包括信号台遗址、观石滩遗址、石地坝遗址、玉溪坪遗址、黄柳嘴遗址、麻柳嘴遗址等。其中以石地坝遗址为代表的石地坝文化，以三峡中部地区为核心，东达巫山，东南越过乌江进入黔东北一带，西边可能涵盖了嘉陵江中、下游的大部分地区。石地坝文化第一期年代与三星堆遗址第四期相当；第二期陶器出现了圜底器，年代与十二桥遗址早期遗存相当；第三期出现船形杯、炮弹形尖底杯、角状尖底杯，子母口尖底盏、素缘绳纹罐流行，年代与殷墟第四期相当；第四期陶器敛口尖底盏、尖底钵大量出现，小平底罐、子母口尖底盏数量减少，甚至消失，年代约为西周早期。石地坝文化早期与成都平原十二桥文化接近，但到了晚期，与十二桥文化差异逐渐加大，至西周中、晚期，分别形成了两个独立的文化[1]。

汉至六朝时期遗存在各历史时期中最为丰富，包括汇南墓群、天平丘墓群、二仙堡墓群、大湾墓群、关田沟墓群、冉家路口墓群、杜家包墓群、上河嘴墓群、槽房沟墓地、毛家包墓群、麻柳嘴遗址、袁家岩遗址等。丰都汇南墓群绵延 3.5 公里，分布在 25 个临江的山包上，是重庆地区发现墓葬最多、墓葬规模最大的汉晋墓地，对于重庆地区汉晋墓葬序列的建立有重要的标尺意义。槽坊沟墓地 M9 出土的"延光四年五月十日作"刻款摇钱树座、"巴郡平都蔡寅"款刻陶马，见证了丰都古属巴国、原称平都的历史，出土摇钱树干上铸造的铜佛是长江流域最早的佛教遗物[2]。

唐宋时期考古遗存包括麻柳嘴遗址、玉溪坪遗址、铺子河遗址、庙背后遗址、凤凰踊遗址、大沙坝遗址、糖房遗址、老院子窑址、观石滩遗址、余家河窑址、关山窑址、赤溪遗址等。玉溪坪遗址发现了数量丰富、规格较高的唐代建筑基址群，其建筑面朝长江，进深多在 5 米以上，部分进深在 10 米以上；另发现的唐代窖藏坑出土青铜佛像多达 250 余件，部分佛像的外表还

① 邹后曦：《重庆考古 60 年》，《四川文物》2009 年第 6 期。
② 邹后曦：《重庆考古 60 年》，《四川文物》2009 年第 6 期。

饰有鎏金①。观石滩遗址发现的 2 座唐代石板墓出土了装饰革带的配饰，对断定峡江地区同类墓葬的时代具有重要的参考意义②。铺子河遗址发现了宋代陶窑两座，出土了 1000 余件可复原陶器③。庙背后遗址发现了古代最早、最完整的坩埚冶铁炼炉炉基及其有关遗迹和遗物，与相邻的铺子河遗址构成了目前所发现的中国南宋时期最大的坩埚冶铁遗址④。

明清时期考古遗存中以冶锌遗址为重点。丰都境内的冶锌遗址包括秦家院子遗址、袁家岩遗址、石地坝遗址、九道拐遗址、冉家路口冶锌遗址、铺子河遗址等，时代为明代中晚期。在七曜山东南面方圆 300 平方公里范围内开展的锌矿、煤炭、运输线路专题调查也取得了重要收获。除此之外，在张家河遗址发现了明代冶铁炉⑤。在信号台和沙溪嘴遗址发现了明清时期的田垄遗迹，对研究峡江地区的旱作农业有重要意义⑥。

（二）配合基本建设考古工作

1990 年 5 月，丰都县文物管理所对县人民医院施工时发现的一座土坑墓进行了清理，发现铜器 3 件、铁器 1 件、陶器 31 件、五铢钱 15 枚、大泉

---

① 杨华、袁东山：《丰都县玉溪坪新石器时代至清代遗址》，收录于《中国考古学年鉴·2002》，文物出版社，2003 年，第 319 页。

② 宁夏文物考古研究所、丰都县文物管理所：《丰都镇江镇观石滩遗址发掘报告》，收录于《重庆库区考古报告集·2002 卷》，科学出版社，2010 年，第 1086 ~ 1122 页。

③ 石金鸣、谢尧亭、王金平：《丰都县铺子河东周、汉、宋、明时期遗址》，收录于《中国考古学年鉴·2002》，文物出版社，2003 年，第 332 ~ 333 页。

④ 刘海旺、朱汝生：《丰都县庙背后南宋坩埚冶铁遗址》，收录于《中国考古学年鉴·2003》，文物出版社，2004 年，第 310 ~ 312 页。

⑤ 湖南省文物考古研究所、长沙市文物考古研究所、重庆市文物局、丰都县文物管理所：《丰都张家河遗址发掘简报》，收录于《重庆库区考古报告集·2001 卷》，科学出版社，2007 年，第 1698 ~ 1704 页。

⑥ 白九江：《丰都县信号台新石器时代至明清遗址》，收录于《中国考古学年鉴·2007》，文物出版社，2008 年，第 397 页；成都市文物考古研究所、绵阳博物馆、重庆市文化局、丰都县文物保护管理所：《丰都沙溪嘴遗址 2001 年度发掘报告》，收录于《重庆库区考古报告集·2002 卷》，第 1747 ~ 1822 页。

五十 29 枚，时代认定为新莽时期①。

2004 年 12 月，重庆市文物考古所（现为重庆市文物考古研究院，下同）联合丰都县文物管理所对丰都县迎宾大道工程发现的 3 处墓群进行了清理，清理墓葬 4 座，发现了西汉末至东汉初年的岩坑墓②。

2008 年 10 月，重庆市文物考古所联合丰都县文物管理所对丰都县产业大道建设施工中发现的 3 座墓葬进行了抢救性清理发掘，墓葬时代为东汉中晚期、南朝③。

2008 年 12 月，重庆市文物考古所联合丰都县文物管理所对兴义镇造船厂建设施工中发现的 3 座墓葬进行了发掘，清理土坑墓 1 座、砖室墓 2 座，年代为西汉至东晋时期，并发现了"借室埋葬"的特殊葬俗现象④。

2008 年 8 月—2009 年 1 月，为配合丰都县精细化工园建设，重庆市文物考古所对项目涉及的冉家路口墓群进行了勘探、发掘，发掘面积 2600 平方米，清理汉至六朝时期墓葬 30 座⑤。

2009 年 9—10 月，为了配合重庆恒都农业食品工业园区肉牛屠宰与精深加工项目区施工建设，重庆市文物考古所对项目涉及的转包墓群进行了抢救性发掘，清理汉代砖、石混构墓 1 座、砖室墓 5 座⑥。

① 吴天清：《丰都名山镇汉墓清理简报》，《四川文物》1991 年第 3 期。

② 重庆市文物考古所、丰都县文物管理所：《丰都县迎宾大道沿线古墓发掘简报》，收录于《重庆公路考古报告集》，科学出版社，2010 年，第 58～80 页。

③ 重庆市文物考古所、丰都县文物管理所：《丰都县产业大道工程考古发掘清理简报》，收录于《重庆公路考古报告集》，科学出版社，2010 年，第 81～92 页。

④ 重庆市文化遗产研究院、丰都县文物管理所：《重庆丰都县麒麟包墓群发掘简报》，《江汉考古》2015 年第 4 期。

⑤ 汪伟：《丰都县冉家路口汉六朝墓群》，收录于《中国考古学年鉴·2009》，文物出版社，2010 年，第 372 页。

⑥ 白九江、陈蓁：《丰都县转包汉墓群》，收录于《中国考古学年鉴·2010》，文物出版社，2011 年，第 349 页。

2010 年 3—4 月，重庆市文物考古所对丰都县洋房子遗址进行了抢救性发掘，发掘面积 289 平方米，清理战国墓葬 1 座、汉代墓葬 2 座[①]。

2016 年 4—11 月，重庆市文化遗产研究院对丰都县镇江精细化工园 B01、B03、B04、B05 地块（Ⅰ期）建设征地区涉及的 5 处文物点，共计 16 座东汉至六朝墓群进行了清理，发掘面积共计 1000 平方米[②]。

三、三峡后续考古成果综述

据统计，丰都境内开展的三峡后续考古工作共计 26 项，累计完成考古发掘面积 17978 平方米，出土各类文物标本近 4000 件（套），遗址类型包括居址、窑址、冶炼址、墓地等，时代涵盖商周、汉至六朝、唐、宋元、明清等，以汉至六朝为主。

（一）商周时期遗存

仅在观石滩遗址发现有商周时期遗存，并发现了鹅卵石路面，出土陶器以夹砂陶为主，陶土未经筛选，砂砾粗细不均，陶器表面大多粗糙无纹饰，所见纹饰主要有绳纹、弦纹、方格纹、戳印纹、叶脉纹、网格纹、菱格纹等，少数陶器口沿部位有按压花边纹，器形包括罐、壶、瓮、尖底杯、尖底盏、豆柄（灯形器）、器盖等，属石地坝文化[③]。

---

① 于桂兰、白九江：《丰都县洋房子战国汉代遗址》，收录于《中国考古学年鉴·2011》，文物出版社，2012 年，第 400 页。

② 黄伟：《丰都县镇江东汉至六朝墓群》，收录于《中国考古学年鉴·2017》，中国社会科学出版社，2018 年，第 391 页。

③ 程晓君、严烽、杨华：《重庆丰都观石滩遗址考古发掘与收获》，《三峡论坛》2015 年第 6 期。

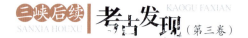

（二）汉至六朝遗存

汉至六朝时期的遗存以墓葬占绝大多数，包括玉溪遗址、汇南墓群、上河嘴墓群、槽坊沟墓群、鼓鼓田墓群、大湾墓群、马鞍山墓群、文溪墓群、二仙堡墓群、赤溪遗址、赤溪墓群、溪嘴墓群、糖房遗址、汀溪遗址、天坪丘墓群、空洞包墓群等，仅在观石滩遗址和赤溪遗址发现了生活类遗存。长江丰都段消落区内发掘的汉至六朝墓葬类型包括竖穴土坑墓、砖室墓、岩坑石室墓等。二仙堡墓群首次发现了铺地砖侧面压印朱雀纹。糖房遗址两晋时期的墓葬中出土了 7 件铅制指环，为研究峡江地区汉至六朝时期铅器的制作工艺与使用场景提供了新材料。马鞍山墓群发现的墓葬排列整齐、布局有序，多数按西南—东北或西北—东南方向排列，发掘者推测是一处经统一规划的家族墓地。在赤溪遗址发现了大面积的汉代瓦片堆积，出土了大量的绳纹板瓦、筒瓦及瓦当残片，推测遗址原有建筑基址。

（三）唐代遗存

唐代遗存仅见于赤溪遗址。赤溪遗址唐代遗存以墓葬为主体，有土坑墓和瓮棺葬两类，土坑墓均为小型的竖穴土坑墓，随葬有瓷双唇罐、四系罐、砚台，并出土了一套基本完整的铜带具；瓮棺葬葬具为大口小底的瓷四系瓮。峡江地区唐墓的发现较少，本次所见的一批唐墓对研究该时期墓葬的形制与特征尤为重要。

（四）宋元时期遗存

宋元时期的遗存见于瓦啄嘴遗址、沙溪嘴遗址、石板溪窑址、观石滩遗址、赤溪遗址、农花庙遗址、汀溪遗址、窑子塝遗址等。宋元遗存以窑址为主，另有少量建筑基址、墓葬。瓦啄嘴遗址出土了一座较为完整的半倒焰窑，窑内和地层中出土了大量残损瓷器，发掘者从以黑色釉为主的装饰风格判断，该窑址属于重庆地区宋代涂山窑系的窑场之一。石板溪窑址则发现了龙窑一座，此类窑在重庆地区发现较少，该发现对了解峡江地区的龙窑的形制结构、装烧工艺具有重要参考价值。窑子塝遗址出土部分瓷器表面有阴刻（划）文字"某字号"等情况，对于研究两宋时期峡江地区的民窑经济与贸易交流具有重要意义。窑子塝遗址与邻近的石板溪、沙溪嘴、大沙坝、老院子、铺子河等窑业遗存出土的陶瓷器在种类、胎釉、器形等方面均相似，这批陶瓷遗址与三峡地区所见的涂山窑等窑址区别明显，当为自成一系的窑业遗存①。

观石滩遗址和赤溪遗址发现的宋代建筑基址有助于了解三峡地区的宋代建筑工艺、市镇集市的分布规律。汀溪遗址发现了一座宋代岩坑石室墓，对于研究丰都境内宋代的丧葬习俗提供了重要资料。

（五）明清时期遗存

明清时期遗存见于九道拐炼锌遗址、曾教堡墓群、鼓鼓田墓群、观石滩遗址、农花庙遗址、柑子园堡遗址等。遗存类型包括冶炼址、窑址、墓葬及农田遗迹、灰坑等。2012年发掘的九道拐炼锌遗址虽未发现冶炼窑炉遗迹，但发现了蓄水坑、拌泥坑、堆放矿石或罐坑，使我们得以了解该冶炼址的填装场地、功能分区与作业流程。观石滩遗址和曾教堡墓群发现了明代的砖瓦窑，后者清理的2座圆形馒头窑窑炉中清理出土了大量青灰色陶板瓦。陶板瓦为细泥烧制，火候较高，样式一致，内表面均饰有粗布纹，外表面为素面。柑子园堡遗址发现的2座龙窑出土遗物比较单一，均为缸胎土瓷，烧制工艺粗糙，轮制成型后还稍加修整，器表多有疤痕，揭示了明清时期丰都境内的民窑发展水平。农花庙遗址发现了少见的明清旱作农业遗迹，为6条田垄沟，呈东南—西北走向，长短深浅不一，田垄间距60～100厘米。

① 重庆市文化遗产研究院、重庆师范大学西南考古与文物研究中心、丰都县文物管理所：《丰都县壕沟遗址2017年发掘简报》，《四川文物》2021年第6期。

四、三峡后续代表性考古发现

（一）观石滩遗址

观石滩遗址位于丰都县名山镇镇江社区一社，东北距镇江镇约 4.5 公里，西南距名山镇 4 公里。该遗址于 1992 年被发现。2014 年 5—8 月，重庆市文化遗产研究院、重庆师范大学历史与社会学院对该遗址进行了考古发掘，发掘面积 906 平方米，发现了商周、汉至六朝、宋、明时期遗存，出土石、陶、瓷、铜、铁等质地遗物 116 件（套）。

商周时期遗迹仅发现鹅卵石路面一段，路面以直径 5～10 厘米的鹅卵石进行铺设，部分系有意识地敲成 2～3 块，残长 4.25 米、宽 0.75 米。陶质以夹砂陶为主，陶土似未经筛选，砂粒粗细不均，器表大多粗糙。泥质陶

观石滩遗址发掘区远景

少许，其中部分陶土经淘洗，质地较细腻。夹砂陶以灰褐、红褐、黄褐陶等为多，泥质陶以黑皮、红陶、灰陶等为多。器表多数为素面。纹饰主要有绳纹、弦纹、方格纹、戳印纹、叶脉纹、网格纹、菱格纹等，以绳纹为大宗，少数陶器口沿部位有按压花边纹。制法以手制为主，轮制陶器较少，大部分器物口、肩部经过慢轮修整。可辨器形主要有罐、壶、瓮、尖底杯、尖底盏、豆柄（灯形器）、器盖等，属石地坝文化范畴。

汉至六朝时期遗存主要包括墓葬 2 座、烧炭窑 2 座、窑址 1 座。墓葬为竖穴土坑砖室墓，平面呈长方形。以 CJ1 为例，上半部已遭到破坏，大致呈东西向，长 2.70 米、宽 2.20 米、残高 1.02 米，土圹内以长方形榫卯结构的花纹砖错缝平砌构筑四周墙壁，坑内填土为灰褐色，土质较松软，底部放置陶器、铜器、铁器等达 40 余件（漆木器已腐朽，仅存漆皮）。烧炭窑形制相近，平面呈圆角长方形，以 CJ1 为例，长 2.20 米、宽 0.80 米、残高 0.76 米。坑壁较直，四壁及底部皆以厚约 2 厘

观石滩遗址东汉墓葬（CJ1）

观石滩遗址汉至六朝窑址（BY1）

米的泥土用火烧烤而成。此类坑还见于1998年发掘的万州涪溪口遗址下层文化遗存和2002年发掘的丰都秦家院子汉至六朝时期遗存,后两者坑内淤积土中都包含有灰烬、碳屑,推测此类坑当为烧炭窑。窑址大致呈南北方向,窑顶被挖掘,表面由东北略向西南倾斜,长3.85米、宽2.54米、残高1.82米,由窑门、火膛、窑室、窑床、烟道等构成。窑室内填土为灰褐色,土质较板结,内夹有较多汉至六朝时期的砖块,不见其他包含物。

宋代遗存主要有房址1座。房址破坏严重,仅清理出四处残存的砖红色建筑遗迹,平面有两段为直线条,另有两段为直角形,似都面向长江,遗迹的一面(似墙壁)经过修整,发现有较光滑的壁面。残长0.8米～2.35米。在该建筑遗迹内出土有零星红烧土块、草木灰和唐宋时期碎瓷片、釉陶片等。

明代遗存主要有窑址1座。窑址平面呈圆形,前半部已被当地村民坡改梯田时破坏,仅遗留后半部窑室局部。整个窑壁及窑床底面由里向外分别由灰烧土、红烧土及黄生土构成。烟道3条,位于窑室后壁,平面前端方形,后端呈扇形,上下贯通,内壁用残汉砖由下向上封砌[1]。在窑址内清理出烧制的砖和板瓦,故推测该窑址为砖瓦窑。

观石滩遗址明代砖瓦窑址(CY1)

---

① 程晓君、严烽、杨华:《重庆丰都观石滩遗址考古发掘与收获》,《三峡论坛》2015年第6期。

（二）马鞍山墓群

马鞍山墓群位于丰都县双路镇马鞍山村，地处长江右岸的山包上，西隔长江与丰稳坝相望，北临刀鞘溪。2013—2014年，重庆市文化遗产研究院对其进行了抢救性发掘。发掘面积1650平方米，清理汉代至六朝时期墓葬

马鞍山墓群西汉土坑墓（M10）

23座，其中土坑墓16座、砖室墓7座，出土陶器、瓷器、银器、铜器、铁器、石器、琉璃器等460余件（套），时代包括西汉、新莽、东汉、六朝。

西汉时期墓葬2座，皆为竖穴土坑墓，平面呈长方形，朝向长江，葬具为木棺，墓主仰身直肢葬，随葬器物放置于墓主一侧或头顶。其中M10在墓主右腿外侧随葬有鸡蛋，仅存白色蛋壳。随葬器物包括陶器、铁环首刀和铜钱磨郭五铢，陶器组合包括罐、壶、瓮、釜、甑、钵、井、仓等。

马鞍山墓群西汉墓随葬蛋壳出土场景
（M10）

马鞍山墓群西汉墓出土器物组合（M10）

马鞍山墓群远景

新莽至东汉初墓葬共计 14 座，均为竖穴土坑墓葬，平面形状除了长方形，新增"凸"字形 1 座。墓向各异，葬式可辨者均为仰身直肢，共 7 座。葬具为木棺，仅存灰痕。随葬器物有陶器、釉陶器、鎏金铜器、铜器、银

马鞍山墓群新莽至东汉初土坑墓（M18）

器、铁器等，多放置于墓主脚端、头顶或身体一侧。以 M18 号墓为例，该墓被盗，墓室底北部发现鎏金铜棺饰，残余随葬器物中陶器组合包括罐、盆、

釜、钵、仓等，其他包括铜钱"大泉五十"、铁刀、铁锸以及由料珠、琉璃、铜铃铛组成的串饰。

东汉墓葬共计3座，均为竖穴土圹砖室墓，由长方形斜坡式竖穴墓道、甬道、墓室组成。葬具为木棺，仅存灰痕。以M11号墓为例，随葬器物集中于甬道，部分位于墓室东南角，包括釉陶器、陶器、铜器和铁器。釉陶器组合包括钟、勺、博山炉、摇钱树座；陶器组合包括罐、盆、钵、耳杯、博山炉盖、灯、摇钱树座、房、碓房、仓、塘、俑、动物模型等。

马鞍山墓群东汉砖室墓（M11）

马鞍山墓群南朝砖室墓（M12）

马鞍山墓群南朝墓出土器物组合（M12）

马鞍山墓群南朝墓出土器物组合（M12）

马鞍山墓群南朝墓出土器物组合（M12）

　　六朝时期墓葬共计4座，皆为竖穴土圹砖室墓，由墓道、甬道、墓室组成。平面形状有"凸"字形2座、刀形1座、形状不明1座。葬具可辨者为木棺，仅存痕迹。墓主葬式可辨者1座，为仰身直肢。随葬器物以M12号墓为例，残存器物43件（套），包括陶器、瓷器、铜器、铁器及石器。陶器以夹砂红陶为主，器物组合包括罐、釜、甑、盘、灯等；瓷器组合包括盏、碗、双系罐、四系罐、盘口壶等。

　　这批墓葬排列整齐、布局有序，多数按西南—东北或西北—东南方向排列，发掘者推测应是一处经统一规划的家族墓地①。

────────────

① 重庆市文化遗产研究院、丰都县文物管理所：《重庆丰都马鞍山墓群2013—2014年发掘简报》，《文物》2019年第6期。

（三）汇南墓群（林口墓地）

林口墓地位于丰都县名山街道办事处农花村十一社村西 400 米处。地处长江北岸一缓坡台地上。2012 年 6—7 月，重庆市文化遗产研究院、丰都县文物管理所对该区域进行了考古勘探、发掘工作，发掘面积 660 平方米，发掘 4 座竖穴土圹砖室墓，出土遗物 111 件（套）。除 1 座因损毁严重形制不明外，其余 3 座平面包括"凸"字形、刀把形两种，墓葬年代为东汉晚期至蜀汉时期。

以 M2 号墓为例，该墓平面呈刀把状，由甬道、墓室组成。甬道平面呈长方形，直壁券顶，墓砖错缝横砌封门。墓室平面呈长方形，直壁券顶，壁砖采用顺丁错缝平砌，从第 9 层砖之上开始起券，墓壁北端外设灯台座两处，分左右两侧，系砌墙时伸出半砖的平台，券顶上半部坍塌，墓底平铺地砖，东部顺铺，西部横铺，且西部多用残砖。墓室南半部前侧、后侧后沿之间一线，均有多块砖置于铺地砖上，围合成长方形，应为墓主的棺床。墓内堆积黄红色黏土，未见葬具和人骨架。随葬器物大部分放置于甬道和墓室的东南

林口墓地远景

林口墓地东汉晚期至蜀汉时期砖室墓（M2）

林口墓地东汉晚期至蜀汉时期砖室墓局部
（M2）灯台

部，共出土80件随葬器物，随葬器物以陶器为主，有少量的铜器、铁器、瓷器和石器。瓷器为1件青瓷双耳罐，陶器组合包括鼓肩罐、瓮、盘、盒、钵、壶、魁、洗、灯、器盖、耳杯等生活用器；拱手俑、提囊俑、抱囊俑、抚琴俑、出恭俑、执盾俑、执锄俑、庖厨俑、吹箫俑、拍乐俑等人物俑，以及子母鸡、狗、马、猪等动物俑，另有案、井、水塘、楼房、摇钱树座等模型器。均为泥质灰陶或红陶，其中又有少量的釉陶。釉陶均为红胎，施酱红色、酱黄色或豆绿色薄釉，火候较低。该墓出土的陶戏楼、俑、摇钱树座以及鎏金铜牌饰、龙虎饰保存较好，具有极高的艺术价值，在以往的考古发现中都极为罕见，对于研究这一时期的丧葬习俗、升仙思想等具有重要意义①。

① 重庆市文化遗产研究院、丰都县文物管理所：《重庆丰都县火地湾、林口墓地发掘简报》，《江汉考古》2013年第3期。

（四）上河嘴墓群

上河嘴墓群位于丰都县名山镇镇江村一组，地处长江北岸的一级台地上。该墓群西侧为海拔 400 米左右的低山，北部与槽房沟墓群隔沟相望，长江自西南向东北流过。该墓群被两条冲沟分割成南北两个相对独立的区域，其中北部为地势较高的山包，南部呈西高东低的缓坡状伸向长江，多数墓葬就分布在山包顶部或临江的缓坡一带。2000 年 10 月—2001 年 1 月，宝鸡市考古工作队对三峡库区淹没区的镇江镇观石滩村上河嘴墓群进行了全面钻探、发掘，发掘面积 2000 平方米，发掘墓葬 6 座[①]。

2012 年 8—9 月，重庆市文化遗产研究院再次对该墓群进行发掘，发掘面积 400 平方米，发掘东汉时期的竖穴土圹砖室墓 3 座，出土遗物 113 件（套）。

上河嘴墓群远景

---

① 重庆市文物考古所、宝鸡市考古工作队等：《丰都上河嘴墓群发掘报告》，收录于《重庆库区考古报告集·2000 卷》，科学出版社，2007 年，第 1070 页。

上河嘴墓群东汉砖室墓（M2）

上河嘴墓群东汉砖室墓（M3）

上河嘴墓群东汉墓陶俑出土场景（M3）

以保存较好的 M3 号墓为例。该墓方向 116°，墓圹残长 7.66 米、宽 2.04～3.78 米、残深 0.24～1.50 米。由甬道、前室和后室组成。墓壁由长方形菱形纹榫卯砖错缝平铺，残存有 2～15 层砖。墓底用长方形菱形纹砖斜向铺成"人"字形，甬道与前室、前室与后室之间以横向平铺的一排砖为界。墓室前部因为塌陷而变形。葬具及人骨均已不存。墓室已被扰乱，随葬器物主要分布在甬道和前室内，包括陶、铜、铁器等。陶器组合有仓、釜、盆、奁、耳杯、灯、模型明器等。

（五）二仙堡墓群

二仙堡墓群位于丰都县名山镇（原镇江镇）杜家坝村一社及二社。整个墓群位于长江北岸的一、二级台地上。墓群发现于 1987 年第二次全国文物普查期间，1992 年长江三峡淹没区文物调查时被命名为二仙堡墓群。墓群主要分布在东

二仙堡墓群发掘区全景

北一西南走向的冉正丙梁子、李文秀梁子、深田坝子及二仙堡梁子上，面积约 50000 平方米。1993 年进行了复查，先后于 2003 年、2005 年，在冉正丙梁子、李文秀梁子、深田坝子和二仙堡主梁东侧进行了两次发掘。

2015 年 5—7 月，重庆市文化遗产研究院对二仙堡主梁进行考古勘探与发掘，发掘面积 1020 平方米，共清理墓葬 9 座，出土遗物 112 件（套）。除 3 座墓葬由于保存较差，时代只能大致断定在东汉至六朝时期外，其余 6 座墓葬时代包括两晋、南朝时期。

两晋时期墓葬仅 1 座（M7）。墓葬平面呈刀把形，方向 60°，由墓道、甬道、墓室组成。墓道、券顶残，墓室保存较好。墓室四壁及甬道侧壁均用花纹砖横向错缝平砌构筑，墓室铺地砖扰毁不存。甬道与墓室的交界处用花纹砖横向平铺一列，甬道残存铺地砖，以长方形砖平铺成"人"字形。墓内棺木、人骨架已扰毁不存，葬具、葬式不详。随葬器物有瓷器、陶器、料珠

二仙堡墓群南朝"中"字形砖室墓(M4)

二仙堡墓群两晋砖室墓（M7）

及铜钱，瓷器组合包括瓷盏、钵、碗、四系罐、盘口壶、井等；陶器组合包括陶魁、案、俑等。

南朝时期墓葬5座，平面形状包括刀把形、"凸"字形、"中"字形。以M4号墓为例，该墓位于二仙堡主梁中部，墓葬平面呈"中"字形，方向40°，由墓道、前室、左右耳室、过道、后室组成。墓道为长方形斜坡墓道，墓道底部最深处比前室底部高0.3厘米。前室底部用长方形砖平铺成"人"字形。左、右耳室及过道底部用长方

二仙堡墓群南朝"凸"字形砖室墓（M2）

二仙堡墓群南朝墓"千""万"铭文砖（M2）

形砖横向竖向交替平铺，后室后壁土圹壁上涂抹有 3 厘米厚的黄泥。后室底部用花纹砖平铺成"人"字形，其下垫约 6 厘米厚的黄沙。墓内不见棺木及葬具痕迹，仅在后室南部残存人骨粉末痕迹，无法确认葬式及墓主年龄、性别。随葬器物有陶器、铜器、瓷器、铁器、银器等，瓷器组合包括盏、盘口壶；陶器组合包括罐、钵、人物俑、动物俑及釉陶盘、釜、井等。

墓室建筑方面，在 M1、M2 号墓墓室内壁局部发现有明显的涂抹白灰痕迹。M2 号墓墓室有厚约 12 厘米的质地较为紧密的黄沙垫土层，使墓室高于甬道，呈台阶状。墓室后壁及墓道和甬道交界处有明显的挖掘工具痕迹，工具宽约 10 厘米，与墓中出土的铁锸宽度较为吻合。墓砖上的印痕和纹饰在以往的发现中较为少见，如首次在

二仙堡墓群南朝刀把形砖室墓 (M6)

二仙堡墓群南朝墓盛蛋瓷盏出土场景（M6）

二仙堡墓群南朝墓墓砖上动物脚印痕迹（M6）

二仙堡墓群南朝墓朱雀纹铺地砖（M6）

M6 号墓地砖发现了侧面模印凤鸟（朱雀）纹；在一些墓砖上存留有猪、狗等动物的踩踏脚印，说明制砖作坊与民居相隔不远甚至在一起；发现了砖制成后至未干前的堆放和窑内堆砖烧制的痕迹[1]，这些都为我们复原古人的劳作场景提供了珍贵的微观素材。

（六）赤溪遗址

赤溪遗址位于丰都县名山街道农花村，地处长江北岸的二级台地上。2014 年 5—8 月，重庆市文化遗产研究院对该遗址进行了考古发掘，发掘面积

赤溪遗址发掘区全景

---

[1] 重庆市文化遗产研究院、重庆师范大学西南考古与文物研究中心、丰都县文物管理所：《重庆丰都二仙堡墓群 2015 年发掘简报》，《文物》2017 年第 10 期。

赤溪遗址汉至六朝瓦砾堆积

赤溪遗址汉至六朝砖室墓（M3）

共计 1100 平方米，清理汉至六朝、唐、宋时期的各类遗迹 52 处，出土各类
文物标本 300 余件（套）。

汉至六朝时期遗存主要为砖室墓，以及少量瓦砾堆积。砖室墓共计 8 座，
均为刀把形竖穴土圹砖室墓，由墓道、甬道和墓室组成，埋葬方向有顺江和
垂江两种。出土陶器组合有陶罐、釜、甑、钵、盘、案、耳杯、勺魁、人物
俑、动物俑、房屋模型、井、摇钱树座、灯等，瓷器组合有四系罐、壶、钵
等，铜钱币、铜釜、铜耳杯、铜摇钱树残片，以及铁釜、铁削刀、银戒指、
银簪、玻璃串珠等，时代集中于东汉晚期至六朝早期。瓦砾堆积位于发掘区
的北部，包含大量的绳纹板瓦、筒瓦及瓦当残片，根据出土瓦当的形制判断
这批遗物应属于汉代。

唐代遗存为墓葬 6 座，分为土坑墓和瓮棺葬。土坑墓均为小型的竖穴土

赤溪遗址唐代土坑墓（M8）

赤溪遗址唐墓铜带饰出土场景（M5）

坑墓，随葬器物有瓷双唇罐、四系罐、砚台；铜带钩、开元通宝等。瓮棺葬葬具用大口小底的瓷四系瓮。唐代墓葬以往在本区域发现较少，这批墓葬的发现对于峡江地区唐代丧葬礼俗以及市镇研究具有重要意义。

宋代遗存遗迹类型丰富，包括房址、灰坑、灰沟、柱洞等。以2号房址为例，房址平面呈长方形，残长14.8米、宽7.8米，由夯土台基、柱础石、墙基石、柱洞、排水沟、灶等组成。遗物种类有瓷盏、碗、罐；陶罐、筒瓦、板瓦、瓦当、象棋子以及铜钱币、石磨盘等[1]。宋代遗存的发现表明随着历史的变迁和社会的发展，赤溪遗址从汉至唐代的墓地转变为宋代的生产生活居址，宋代峡江地区的居住地相较于前朝开始向着地势更高的地方发展。

赤溪遗址宋代房址（F2）

（七）空洞包墓群

空洞包墓群位于丰都县名山街道镇江村2组，处于长江北岸的台地上。墓群东北为杜家村，西南为观石滩村，西北为028乡道，东南面为长江。2018年3—5月，重庆市文化遗产研究院对该墓群进行了考古勘探与发掘，发掘面积1075平方米。共清理砖室墓8座、土坑墓1座，出土器物140余件，有釉陶器、陶器、铜器、铁器、鎏金器等，其中2、4、5、9号墓出土器物较少，1、6、7号墓出土器物较为丰富，时代为西汉晚期、东汉中期和东汉晚期。

西汉晚期墓葬为6号墓。形制为方形土坑墓，方向不明，墓室平面呈长方形。由于棺木及尸体腐朽严重，仅在该墓南壁下发现少量棺木腐痕、漆皮

---

[1] 牛英彬：《丰都县赤溪汉至六朝及唐宋时期遗址》，收录于《中国考古学年鉴·2015》，中国社会科学出版社，2016年，第285页。

和粉化骨头的痕迹。随葬器物较丰富，有釉陶器、陶器、铜器、铁器。釉陶器组合包括博山炉、碗等；陶器组合包括罐、盆、甑、俑等；铜器有鍪、耳杯扣、棺饰及钱币；铁器为甑，与陶甑成套出土。

东汉中期墓葬为1号墓。形制为带甬道的砖室墓，方向145°，由甬道及墓室组成。墓葬平面呈刀把形，甬道口处用花纹砖横向错缝平砌封门。墓室四壁因受四周泥土挤压均略有变形，向墓内弯曲凹陷。墓底有以长方形及榫卯砖铺成的"人"字形铺地砖。靠近封门处的铺地砖多为断裂的碎砖，排列不甚规整。墓内不见棺木、葬具等痕迹，人骨已腐化殆尽。出土遗物可分为釉陶器、陶器、铜器、铁器。釉陶器组合包括锺、博山炉盖、灯、盆、碗等；陶器组合包括罐、钵、俑、房、塘等；铜器为耳杯扣、泡、车马器、钱币、铜摇钱树残片等；铁器为铁钩、铁钉等。

东汉晚期墓葬为7号墓。形制为带甬道砖室墓，方向135°，墓室平面呈长方形。该墓无铺地砖。墓内不见棺木、葬具痕迹，人骨已腐朽殆尽。随葬器物较为丰富，均出于墓底，包括釉陶器、陶器、铜器。釉陶器组合包括锺、碗、杯、盆、勺、博山炉、灯、魁、盘等；陶器组合包括罐、钵、俑、井盖、房等。

（八）窑子塝（壕沟）遗址

窑子塝（壕沟）遗址位于丰都县兴义镇胜利社区2组，长江东岸的缓坡地上。北面原为菜市场，东边为耕地，南边为兴义镇小学和兴义镇码头。2014年，重庆市文化遗产研究院对该遗址进行了初步发掘，发掘面积500平方米。出土了碗、盏、钵、杯、执壶、器盖、盆、罐、瓶、垫圈、支圈等286件（套），时代为宋代。2017年6—7月，再次对该遗址进行了考古发掘，发掘面积805平方米，出土遗物140件（套）。

壕沟遗址虽未发现窑址，但发掘出土遗物较多，遗物绝大部分制作较粗糙，且多有程度不一的扭曲变形，当为废弃的残次品。此外，出土遗物中还包含大量垫环、支钉、支圈等窑具。窑子塝（壕沟）遗址与相距不远的丰都

窖子垮（壕沟）遗址远景

石板溪、铺子河、大沙坝、老院子、沙溪嘴等宋代窑址中出土的同类器物无论在种类、胎釉，还是制作风格上都十分相似[1]，出土部分瓷器表面有阴刻（划）文字"某字号"等情况，对于研究峡江地区两宋时期的民窑工艺、贸易交流具有重要意义。

（九）石板溪窑址

石板溪窑址位于丰都县高家镇文溪村 1 组，地处长江右岸的一级台地。1992 年，四川省文物考古研究所、丰都县文物管理所调查发现该遗址，1993—1994 年对其进行了复查。2001 年 12 月—2002 年 1 月，对该遗址进行了考古勘探和发掘，发掘面积 200 平方米，清理灰坑 2 个、沟 1 条，出土遗物涉及宋、明、清，发掘者确认石板溪窑址是一处宋代窑址的废弃堆积[2]。

2013 年 4—8 月，重庆市文化遗产研究院对该遗址进行了发掘清理，发掘

---

[1]　重庆市文化遗产研究院、重庆师范大学西南考古与文物研究中心、丰都县文物管理所：《丰都县壕沟遗址 2017 年发掘简报》，《四川文物》2021 年第 6 期。

[2]　成都市文物考古研究所、绵阳博物馆、丰都县文物管理所：《丰都石板溪窑址 2001 年度发掘报告》，收录于《重庆库区考古报告集·2002 卷》，科学出版社，2010 年，第 1823～1852 页。

石板溪窑址远景

石板溪窑址宋代窑址（Y1）

石板溪窑址宋代窑址左壁修补部位特写（Y1）

面积300平方米，清理龙窑1座，出土遗物377件（套），以碗、罐、壶、盆、瓮、盏、碟、钵、杯、器盖等瓷器为主；窑具也有较多的发现，以支座、垫圈、匣钵居多，时代在宋代①。

（十）沙溪嘴遗址

沙溪嘴遗址位于丰都县桂花村5组，地处长江右岸台地，北面为碎石厂，东面为丰都至高镇公路，南为老洞岩溪沟，西邻长江。1992年，四川省文物

---

① 白九江、冯硕：《丰都县石板溪宋代窑址》，收录于《中国考古学年鉴·2014》，中国社会科学出版社，2015年，第369页。

沙溪嘴遗址发掘区全景

沙溪嘴遗址宋代灰沟（G1）

沙溪嘴遗址宋代窑址（Y1）

考古研究所、丰都县文物管理所调查发现沙溪嘴遗址，1993—1994 年又对其进行了复查。2001 年 11 月—2002 年 1 月，对该遗址进行了勘探和发掘，发掘面积 1000 平方米，发现了夏商、西周中期、宋、明、清时期的遗存，确认该遗址在宋代是峡江地区一处重要的缸胎陶生产场所[1]。

---

[1] 成都市文物考古研究所、绵阳博物馆、重庆市文化局、丰都县文物保护管理所：《丰都沙溪嘴遗址 2001 年度发掘报告》，收录于《重庆库区考古报告集·2002 卷》，第 1821 ~ 1822 页。

2013 年 4—6 月，重庆市文化遗产研究院对该遗址进行了考古发掘，发掘面积约 800 平方米，清理遗迹 5 个，包括灰沟 1 条、灰坑 3 个、窑址 1 个。出土器物 213 件（套），以瓷器为主，石器少见。瓷器有罐、碗、钵、盏、匣钵等；石器为石斧[1]。遗存时代为宋代。

沙溪嘴遗址宋代废弃陶瓷器出土场景

（十一）九道拐冶锌遗址

九道拐冶锌遗址位于丰都县名山镇（原镇江镇）朗溪村七组，长江左岸的二级阶地上，南临长江，北依小山包，西北距镇江镇约 300 米。2004 年 4

九道拐炼锌遗址发掘区全景

---

① 陈东、白九江：《丰都县沙溪嘴宋元遗址》，收录于《中国考古学年鉴·2014》，中国社会科学出版社，2015 年，第 369 页。

月，该遗址由河南省文物考古研究所调查发现。2004 年 11 月，河南省文物考古研究所对该遗址进行了考古发掘，发掘面积约 500 平方米，清理了一批冶炼炉和相关遗迹，出土了大量与冶炼有关的遗物。

2012 年 9—10 月，重庆市文化遗产研究院对该遗址进行了考古发掘，发掘面积约 700 平方米，出土遗物 20 件（套），以反应罐为主，有少量瓷器，年代为明代中晚期。

九道拐炼锌遗址明代操作区

九道拐炼锌遗址明代灰坑（H1）

九道拐炼锌遗址明代灰坑（H3）

陶锺

马鞍山墓群出土

西汉

带盖双耳陶罐

马鞍山墓群出土

西汉

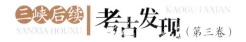

带盖陶罐

马鞍山墓群出土
西汉

陶罐

马鞍山墓群出土
西汉

陶罐

马鞍山墓群出土
西汉

陶釜

马鞍山墓群出土
西汉

陶仓

马鞍山墓群出土
西汉

陶井

马鞍山墓群出土
西汉

鎏金铜璧形棺饰

马鞍山墓群出土
新莽至东汉初

鎏金铜灯笼形器

马鞍山墓群出土
新莽至东汉初

鎏金铜龙形棺饰

马鞍山墓群出土
新莽至东汉初

铁剑头

槽房沟墓群出土
东汉

铁矛

槽房沟墓群出土
东汉

铜釜

上河嘴墓群出土
东汉

铜带钩

上河嘴墓群出土
东汉

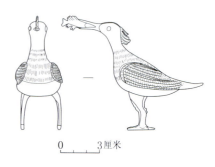

0   3厘米

铜鸟饰

马鞍山墓群出土
东汉

铜釜

观石滩遗址出土
东汉

铜釜

上河嘴墓群出土
东汉

铜洗

上河嘴墓群出土
东汉

釉陶锺

糖房遗址出土
东汉

釉陶锺

观音滩遗址出土
东汉

釉陶锺

上河嘴墓群出土
东汉

釉陶盆

观石滩遗址出土
东汉

釉陶盆

糖房遗址出土
东汉

釉陶釜

槽坊沟墓群出土
东汉

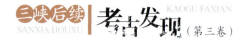

釉陶釜

观石滩遗址出土
东汉

釉陶缶

上河嘴墓群出土
东汉

釉陶魁

糖房遗址出土
东汉

釉陶魁

观石滩遗址出土
东汉

釉陶魁

上河嘴墓群出土
东汉

釉陶博山炉

上河嘴墓群
东汉

釉陶博山炉

糖房遗址出土
东汉

釉陶博山炉

观石滩遗址出土
东汉

釉陶盒

上河嘴墓群出土
东汉

釉陶奁

上河嘴墓群
东汉

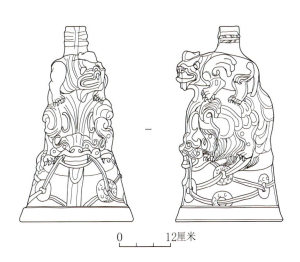

0 ————— 12厘米

釉陶摇钱树座

马鞍山墓群
东汉

陶釜

观石滩遗址出土
东汉

陶罐

糖房遗址出土
东汉

陶罐

观石滩遗址出土
东汉

陶仓

观石滩遗址出土
东汉

陶井

观石滩遗址出土
东汉

陶碗

糖房遗址出土
东汉

陶房

大湾墓群出土
东汉

陶房

上河嘴墓群出土
东汉

吹箫俑

窑子塝遗址（坪上墓地）出土
东汉

胡人吹箫俑

窑子塝遗址（坪上墓地）出土
东汉

铁锸

马鞍山墓群出土
东汉

铁镬

马鞍山墓群出土
东汉

串饰

马鞍山墓群出土

东汉

鎏金铜耳杯扣

上河嘴墓群出土

东汉

鎏金铜扣

马鞍山墓群出土
东汉

鎏金铜扣

上河嘴墓群出土
东汉

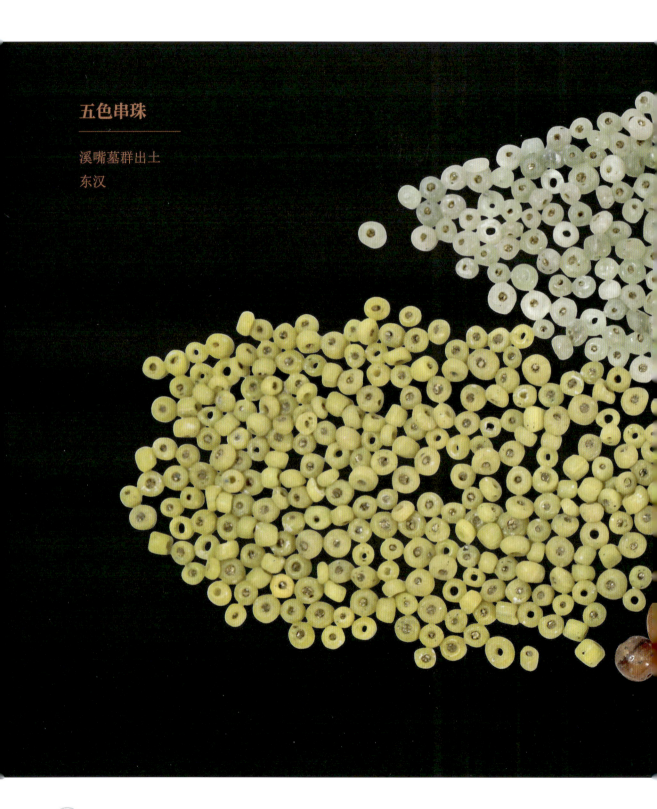

五色串珠

溪嘴墓群出土
东汉

釉陶灯

溪嘴墓群出土
东汉

釉陶缶

溪嘴墓群出土
东汉

釉陶井

窑子塝遗址（坪上墓地）出土
东汉

釉陶子母鸡

马鞍山墓群出土
东汉

釉陶锺

马鞍山墓群出土
东汉

武士俑

溪嘴墓群出土
东汉

执盾俑

上河嘴墓群出土
东汉

执刀俑

窑子塝遗址（坪上墓地）出土
东汉

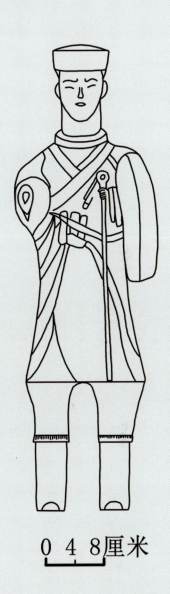

0　4　8厘米

执盾俑

窑子塝遗址（坪上墓地）出土

东汉

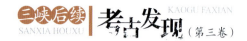

0 ⊢ 10厘米

陶辟邪摇钱树座

林口墓地出土

东汉晚期至蜀汉时期

鎏金铜龙虎棺饰

林口墓地出土
东汉晚期至蜀汉时期

鎏金铜棺饰

林口墓地出土
东汉晚期至蜀汉时期

陶执锄俑

林口墓地出土
东汉

陶提罐俑

林口墓地出土
东汉

陶提囊俑

林口墓地出土
东汉

釉陶缶

林口墓地出土
东汉晚期至蜀汉时期

陶魁

林口墓地出土
东汉

釉陶瓮

林口墓地出土
东汉晚期至蜀汉时期

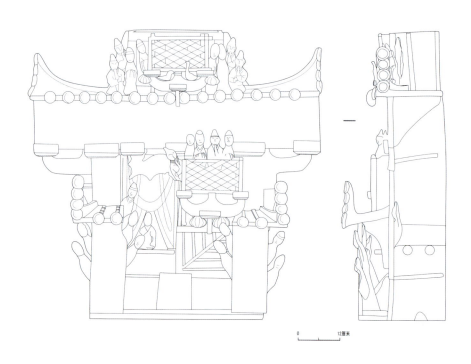

陶房

林口墓地出土
东汉晚期至蜀汉时期

0   12厘米

陶房

林口墓地出土
东汉晚期至蜀汉时期

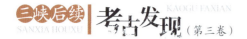

釉陶案

林口墓地出土
东汉晚期至蜀汉时期

陶塘

林口墓地出土
东汉晚期至蜀汉时期

陶执锄俑

林口墓地出土
东汉晚期至蜀汉时期

陶抱囊俑

林口墓地出土
东汉晚期至蜀汉时期

陶抚琴俑

林口墓地出土
东汉晚期至蜀汉时期

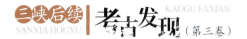

陶拍乐俑

林口墓地出土
东汉晚期至蜀汉时期

陶拍乐俑

林口墓地出土
东汉

陶吹箫俑

林口墓地出土
东汉晚期至蜀汉时期

陶庖厨俑

林口墓地出土
东汉晚期至蜀汉时期

陶执盾俑

林口墓地出土
东汉晚期至蜀汉时期

陶狗

林口墓地出土
东汉晚期至蜀汉时期

陶子母鸡

林口墓地出土
东汉晚期至蜀汉时期

瓷盘口壶

溪嘴墓群出土
六朝

瓷碗

槽房沟墓群出土
六朝

瓷碗

溪嘴墓群出土
六朝

铜釜

槽房沟墓群出土
六朝

铜钗

糖房遗址出土
六朝

铜柿蒂纹棺饰

槽房沟墓群出土
六朝

铁刀

槽房沟墓群出土
六朝

铁剑

槽房沟墓群出土
六朝

铁剪刀

槽房沟墓群出土
六朝

铁剪刀

二仙堡墓群出土
六朝

铅指环

糖房遗址出土
六朝

瓷碗

糖房遗址出土
六朝

瓷碗

二仙堡墓群出土
六朝

瓷碗

二仙堡墓群出土
六朝

瓷碗

二仙堡墓群出土
六朝

瓷碗

二仙堡墓群出土
六朝

瓷盏

槽房沟墓群出土
六朝

瓷盘口壶

二仙堡墓群出土
六朝

瓷盘口壶

槽房沟墓群出土
六朝

瓷盘口壶

槽房沟墓群出土
六朝

瓷盘口壶

槽房沟墓群出土
六朝

瓷四系罐

槽房沟墓群出土
六朝

瓷四系罐

二仙堡墓群出土
六朝

釉陶魁

二仙堡墓群出土
六朝

陶案

二仙堡墓群出土
六朝

釉陶井

二仙堡墓群出土
六朝

陶子母鸡

糖房遗址出土
六朝

瓷四系罐

二仙堡墓群出土
六朝

瓷砚

二仙堡墓群出土
六朝

瓷碗

二仙堡墓群出土
六朝

瓷盘口壶

二仙堡墓群出土
六朝

瓷盘口壶

二仙堡墓群出土
六朝

瓷盘口壶

二仙堡墓群出土
六朝

瓷盘口壶

马鞍山墓群出土
六朝

瓷碗

马鞍山墓群出土
六朝

瓷碗

马鞍山墓群出土
六朝

金镯

二仙堡墓群出土
六朝

铜扣饰

二仙堡墓群出土
六朝

绿松石料珠

二仙堡墓群出土
六朝

铜环

马鞍山墓群出土
六朝

铜钗

二仙堡墓群出土
六朝

铜泡钉

二仙堡墓群出土
六朝

陶釜

二仙堡墓群出土
六朝

陶釜

二仙堡墓群出土
六朝

陶耳杯

二仙堡墓群出土
六朝

陶胡人吹箫俑

二仙堡墓群出土
六朝

陶鸡

二仙堡墓群出土
六朝

陶镇墓兽

二仙堡墓群出土
六朝

陶碓房

二仙堡墓群出土
六朝

陶塘

二仙堡墓群出土
六朝

陶摇钱树座

二仙堡墓群出土
六朝

瓷双唇罐

赤溪遗址出土
唐代

瓷四系罐

赤溪遗址出土
唐代

铜带具

赤溪遗址出土
唐代

骨象棋子

赤溪遗址出土

宋代

陶花卉纹瓦当组合

赤溪遗址出土

宋代

陶卷云纹瓦当

赤溪遗址出土
汉至六朝

陶兽面纹瓦当

赤溪遗址出土
宋代

陶象棋子

赤溪遗址出土
宋代

瓷短颈执壶

窑子塝（壕沟）遗址出土
宋代

瓷瓶

窑子塝（壕沟）遗址出土
宋代

瓷瓶

窑子塝（壕沟）遗址出土
宋代

瓷双耳瓶

窑子塝（壕沟）遗址出土
宋代

瓷长颈执壶

窑子塝（壕沟）遗址出土
宋代

瓷碗

窑子塝（壕沟）遗址出土
宋代

瓷执壶

窑子塝（壕沟）遗址出土
宋代

陶碗

窑子塝（壕沟）遗址出土
宋代

匣钵

窑子塝（壕沟）遗址出土
宋代

支钉

窑子塝（壕沟）遗址出土
宋代

支圈

窑子塝（壕沟）遗址出土
宋代

瓷灯

沙溪嘴遗址出土
宋代

瓷瓶

沙溪嘴遗址出土
宋代

瓷器叠烧变形标本

沙溪嘴遗址出土
宋代

瓷器叠烧变形标本

沙溪嘴遗址出土
宋代

瓷碗

沙溪嘴遗址出土
宋代

瓷碗

沙溪嘴遗址出土
宋代

碾槽

沙溪嘴遗址出土
宋代

研磨器

沙溪嘴遗址出土
宋代

釉陶双耳壶

沙溪嘴遗址出土
宋代

釉陶玉壶春瓶

沙溪嘴遗址出土
宋代

釉陶玉壶春瓶

沙溪嘴遗址出土
宋代

瓷灯

石板溪窑址出土
五代至北宋

瓷瓶

石板溪窑址出土
宋代

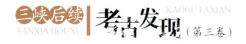

瓷器盖

丰都石板溪窑址出土
北宋

瓷器盖

石板溪窑址出土
宋代

瓷香炉

石板溪窑址出土
五代至北宋

垫圈

石板溪窑址出土
宋代

垫柱

石板溪窑址出土
五代至北宋

粘连在一起的垫圈和碗

石板溪窑址出土
五代至北宋

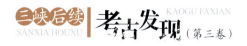

匣钵

石板溪窑址出土

五代至北宋

研磨器

石板溪窑址出土

五代至北宋

支垫

石板溪窑址出土
五代至北宋

支垫

石板溪窑址出土
五代至北宋

转盘

石板溪窑址出土
五代至北宋

反应罐

九道拐炼锌遗址出土
明代

反应罐

九道拐炼锌遗址出土
明代

冷凝窝

九道拐炼锌遗址出土
明代

涪陵篇

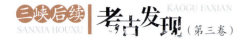

一、区域概况

（一）地理环境

涪陵区地处重庆市中部。东邻丰都县，南接武隆区、南川区，西连巴南区，北靠长寿区、垫江县。最东点为焦石镇白鸡堡，最西点为增福乡大茶园，最南点为同乐乡金家店，最北点为丛林乡红墙院。区境位于东经106°56′~107°43′，北纬29°21′~30°01′。区境辖区总面积2942.37平方公里，辖27个乡镇街道。

涪陵区处于四川盆地东部的"盆东平行岭谷区"与"巫山大娄山中山区"过渡地带。地形总趋势是东南部较高，多为丘陵山地；西北部地势较低，多为河谷丘陵、低山。主要山脉有铜矿山山脉、武陵山脉、大梁子山脉、黄草山—五宝山山脉和勾家场—梓里场山脉。境内海拔一般为200~800米，最高处武陵山主峰磨槽湾海拔2033米，最低处龙驹场三块石海拔138米。主要河流包括长江及其支流梨香溪、油江河、同乐河、清溪沟、上桥河、碧溪河等，乌江及其支流小溪、后溪、麻溪河等。

涪陵区属中亚热带湿润气候，其总的特点是：四季分明，热量充足，降水丰沛，季风影响突出；地势由西北向东南升高，气温递降，降水递增，立体气候明显。

涪陵区生物资源、矿产资源种类丰富。据粗略统计，孢子植物和种子植物共有330余科1500余属4000多种。动物在地理区划上属东洋界中印亚界华中区盆地东部平行岭谷农田动物群和盆地南缘中低山地带亚热带森林农田动物群的过渡地区，动物兼有南北方种类。主要矿产有页岩气、煤、天然气、铁矿、沙金、铝土矿、石灰石、泥岩、砂岩、硅质岩、硫铁矿等。

（二）历史沿革

涪陵古称枳，曾是古巴族先祖陵寝所在地，人文底蕴深厚。《重修涪州志·沿革志》记载："涪州，《禹贡》梁州之域。春秋时，巴国地。秦属巴郡，置枳县。巴子之时，陵墓多在枳。"①

汉承秦制，西汉、新莽、玄汉、东汉、成汉时枳县仍属巴郡。三国时期，枳县先后属蜀汉、曹魏时隶巴郡。

西晋永嘉五年（311年），巴郡太守行巴、巴东、涪陵三郡"三府事"，郡治枳县，是为区境郡治之始。东晋永和二年（346年），桓温平蜀，置涪陵郡，是为区境名"涪陵"二字之始。

南北朝时期，枳县先后隶南朝宋、南齐、南梁、西魏、北周政权巴郡辖下。

隋开皇三年（583年），汉平县移治涪陵镇，属渝州；开皇十三年（593年），汉平县"因镇为名"改称涪陵县。

唐武德元年（618年），置涪州，初领涪陵一县，是为区境名"涪州"之始；贞观十四年（640年），领涪陵、武龙、永安、隆化、乐温、温山六县；天宝元年（742年），唐玄宗改涪州为涪陵郡，唐肃宗乾元元年（758年）复称涪州。

五代十国时期，涪州先后属前蜀、后唐、后蜀政权武泰军节度使辖下。

北宋初设西川路，涪州属之，初领涪陵、宾化、武龙、乐温、温山五县；咸平四年（1001年），涪州属夔州路，南宋因之。

元置涪州，初属夔州路、四川南道宣慰司、安西王相府，后属重庆路、四川南道宣慰司、四川行中书省，初领涪陵、乐温、武龙三县；至元二十年（1283年），涪陵、乐温二县省并；至正二十三年（1363年），明玉珍大夏政权建立，都重庆，涪州属其所置上川南道。

明置涪州，属重庆府、四川布政司，辖武隆、彭水二县。清初，置涪州，属重庆府、四川省，领县不变；雍正十三年（1735年），涪州不再领县，

---

① 夏洁、彭福荣：《历史时期涪陵社会面貌考察——以历代文人诗歌为中心》，《长江师范学院学报》，2011年第3期，第13～19页。

成为重庆府辖下散州。

民国二年（1913 年），改涪州为涪陵县，先后隶属川东道（东川道）四川省和四川省第八区。

中华人民共和国成立后，1950 年初，置川东涪陵区，辖涪陵、南川、鄨都、石柱、武隆、长寿、彭水 7 县，隶川东行署区。1968 年改称涪陵地区。1983 年撤涪陵县设涪陵市。1996 年 1 月，撤涪陵市，设枳城区、李渡区；1996 年 3 月，撤涪陵地区，设地级涪陵市。1996 年 9 月 15 日，经国务院批复同意，涪陵市划归重庆市代管。1997 年 3 月 14 日，涪陵市正式改隶重庆直辖市。1997 年 12 月 20 日，设立重庆市涪陵区。

（三）文物资源

涪陵区历史文化悠久，文物资源十分丰富。根据第三次全国文物普查统计，区境内目前共有不可移动文物 1036 处，包括古遗址 55 处、古墓葬 588 处、古建筑 190 处、石窟寺及石刻 112 处、近现代重要史迹及代表性建筑 89 处，其他不可移动文物 2 处。在文物保护级别方面，现有全国重点文物保护单位 1 处、重庆市级文物保护单位 21 处、县级文物保护单位 48 处。

二、既往考古工作简述

在清朝末期，有关涪陵区白鹤梁题刻的著录和研究就已开始，可以清光绪二年（1876 年）初，缪荃孙系统拓制白鹤梁题刻 108 种为标志[1]。以这些题刻拓本为基础，先后出现了三种有关白鹤梁石刻文字的著录[2]。彼时的相关著录和研究仍属于中国传统金石学的范畴。而涪陵区在近代考古学理论与方法指导下的系统考古工作，则开端于 1958 年四川省长江三峡水库文物调查队在水库范围内的调查。自此，以配合长江三峡水库建设及其他基本建设的相关

---

① 姚觐元撰、缪荃孙编：《涪州石鱼文字所见录·跋》，收录于《丛书集成续编》，上海书店，1994 年。

② 孙华：《涪陵白鹤梁题刻若干问题辨析》，《考古学报》2016 年第 1 期。

考古工作在涪陵区如火如荼地展开，并取得了较为重要的成果。

（一）三峡工程文物保护考古工作

根据长江三峡水库工程的筹备和建设阶段，可将涪陵区的考古工作划分为相应的两个发展时期。

1. 实施三峡工程保护规划的调查和试掘工作时期（1958—1997 年）

1958 年 10 月，四川省博物馆、重庆市博物馆、四川大学历史系合作组成四川省长江三峡水库文物调查队，进行了水库范围内的全部调查工作，于涪陵发现了化崖滩遗址和蔺市遗址[1]。

1967 年，涪陵县白涛区永胜公社新民大队第二生产队在小田溪之西取土时发现了一批陶器和铜器[2]；1972 年 4 月、10 月发现了铜剑、铜罍、编钟等，10 月底，四川省博物馆、重庆市博物馆、涪陵县文化馆在涪陵小田溪墓群进行了首次发掘，清理了战国墓葬 3 座[3]；1980 年底，四川省文物管理委员会、涪陵地区文化局继续清理了战国墓葬 4 座[4]；1982 年，四川省文物管理委员会和涪陵县文化馆在丰都县、武隆县、黔江县文化馆等单位的配合下，在黄溪公社点易大队三队发掘西汉土坑墓 2 座[5]、东汉晚期崖墓 1 座[6]；1985 年又发掘岩墓 1 座。1983—1984 年，四川省文物管理委员会同四川省长江流域文物保护委员会文物考古队、重庆市博物馆对三峡库区进行了两次调查、勘探，确定蔺市遗址为商周时期。1983 年，涪陵市文管所清理了小田溪墓群 M8[7]；

---

① 四川省博物馆：《四川省长江三峡水库考古调查简报》，《考古》1959 年第 8 期。

② 涪陵县文化馆：《四川省涪陵县白涛区小田溪发现春秋战国时期巴人墓葬》，《文物》1973 年第 1 期。

③ 四川省博物馆、重庆市博物馆、涪陵县文化馆：《四川涪陵地区小田溪战国土坑墓清理简报》，《文物》1974 年 5 期。

④ 四川省文物管理委员会、涪陵地区文化局：《四川涪陵小田溪四座战国墓》，《考古》1985 年第 1 期。

⑤ 四川省文物管理委员会、涪陵县文化馆：《四川涪陵西汉土坑墓发掘简报》，《考古》1984 年 4 期。

⑥ 四川省文物管理委员会：《四川涪陵东汉崖墓清理简报》，《考古》1984 年第 12 期。

⑦ 材料未发表，实物保存于涪陵区博物馆。

1989 年，四川省文物管理委员会、涪陵地区博物馆以及涪陵市文物管理所在青杠堡汉墓群清理了一座东汉时期的砖石多室合葬墓[1]。

　　1992 年，为配合三峡工程建设，四川省文物考古研究所在三峡工程库区内进行了一次全面的文物调查，发现了八卦遗址、石沱遗址、吴家梁子（大院子）墓群；同年 3 月，四川省文物考古研究所完成了涪陵白鹤梁题刻东段岩体基岩掏蚀部分的加固。1993 年，北京市文物研究所组成的三峡考古队在原涪陵文管所的配合下，对镇安遗址、石沱遗址做了详细调查；四川省文物考古研究所清理了涪陵小田溪墓群 M9[2]。1994 年，北京市文物研究所分别对镇安遗址、石沱遗址、八卦遗址进行了勘探和试掘；同年，中日联合考古物探试验研究队在小田溪墓群进行了 8 万平方米的综合物探，此乃地面电探 CT 技术在考古探查中的首次应用，为我国考古学方法技术的现代化贡献了力量[3]。1995 年，四川省文物考古研究所、涪陵博物馆在进行三峡迁建区文物调查时发现了横梁子墓群、北岩墓群。1996 年，四川省文物考古研究所再次对镇安遗址进行了试掘。1997 年，北京市文物研究所对横梁子墓群进行了复查。

　　在这一时期内，考古工作者一方面开展了较大规模的考古调查工作，发现了较为丰富的古代遗存；另一方面有计划地对部分古墓葬、古遗址等进行了勘探和试掘。这些工作不仅初步揭示了涪陵区的古代文化面貌，也为之后开展全面、科学、高效的文物考古工作奠定了基础。

2. 配合三峡工程建设的大规模考古发掘工作时期（1997—2007 年）

　　1997 年 6 月 19 日，三峡文物抢救保护全国协作会议在重庆开幕，标志着重庆库区文物保护工作全面启动。在此阶段，按照《三峡工程库区文物保护规划》的总体部署，以上一阶段的调查、勘探和试掘工作为基础，考古工作

---

[1]　莫洪贵：《涪陵市青杠堡汉墓》，收录于《中国考古学年鉴·1990》，文物出版社，1991 年。
[2]　四川省文物考古所、涪陵地区博物馆、涪陵地区文管所：《涪陵小田溪 9 号墓发掘简报》，收录于《四川考古报告集》，文物出版社，1998 年。
[3]　钱复业、田中保士、马继贤、卢庸、袁进京：《地面电探 CT 技术及其在三峡考古中的应用试验》，《考古》1997 年第 3 期。

者对涪陵区的古代遗存进行了抢救性保护和考古发掘。由于涪陵区大多文物点延续时间较长，且部分经过多次发掘，为论述方便，以下将分别对各个文物点进行简要介绍。

这一阶段进行系统考古发掘工作的重要文物点包括蔺市遗址、镇安遗址、八卦遗址、石沱遗址、小田溪墓群、太平村墓群、吴家石梁（大院子）墓群、横梁子墓群、薛家坪墓群以及北岩墓群等 10 处。

重庆市文物考古所、涪陵区文物管理所等单位分别于 1998—1999 年、2000 年、2005 年在蔺市遗址进行了三次发掘。第一次清理了战国晚期至秦代的土坑墓 3 座，其棺椁制度和随葬品分别反映了楚文化和巴文化的内涵特征，对研究涪陵地区巴楚文化的碰撞与融合具有重要意义①；第二次出土了与巫山魏家梁子文化、三星堆文化以及十二桥文化同时期的三组陶器组合，时代大约从新石器时代末期延续至商周时期②；第三次发掘发现窑址一座，属于涂山窑系，出土瓷器多为黑釉盏，窑具见窑托等③。北京市文物研究所、重庆市涪陵区博物馆分别于 1999—2001 年、2003 年在镇安遗址进行了四次考古发掘。确认遗址内堆积可分为四期，其中一、二期属于商末周初时期较为典型的"巴蜀文化"遗存，两期叠压关系明确，为峡江地区商末周初遗址的分期编年提供了重要材料；第三期属于战国秦汉时期，共发掘墓葬 77 座，墓葬出土的柳叶形剑、短骹式矛、钺、铜鍪、斤等器物极大丰富了镇安遗址巴蜀文化的内涵；第四期属于秦汉以后的晚期遗存，涉及到六朝和宋代④。2000—

① 重庆市文物考古所、涪陵区文物管理所：《涪陵蔺市遗址发掘报告》，收录于《重庆库区考古报告集·1998 卷》，科学出版社，2003 年。

② 重庆市文物考古所、重庆市涪陵区博物馆：《涪陵蔺市遗址发掘报告》，收录于《重庆库区考古报告集·1999 卷》，科学出版社，2006 年。

③ 重庆市文物考古所：《重庆涂山窑》，科学出版社，2006 年。

④ 北京市文物研究所三峡考古队、重庆市涪陵区博物馆：《涪陵镇安遗址发掘报告》，收录于《重庆库区考古报告集·1998 卷》，科学出版社，2003 年。北京市文物研究所三峡考古队、重庆市涪陵区博物馆：《涪陵镇安遗址发掘报告》，收录于《重庆库区考古报告集·1999 卷》，科学出版社，2006 年。北京市文物研究所、重庆市文物局、重庆市涪陵区博物馆：《2001、2003 年度涪陵镇安遗址发掘报告》，收录于《重庆库区考古报告集·2001 卷（下）》，科学出版社，2007 年。

2001 年，重庆市文物考古所、涪陵区博物馆在八卦遗址进行了发掘，发现其文化遗存包括战国、汉、唐宋以及明清时期，其中 3 座战国墓中随葬器物的基本组合为陶罐、陶釜、陶豆以及陶壶，是峡江地区战国晚期的常见组合[①]。1998—2001 年，北京市文物研究所、重庆市文物研究所、涪陵区博物馆等单位在石沱遗址进行了四次大面积的考古发掘工作，基本确定该遗址以宋代文化堆积为主。宋代堆积中共发现石筑基址 7 座、石室墓 5 座、土坑墓 1 座以及灰沟、灰坑数个，出土遗物丰富，为涪陵地区乃至整个峡区宋代考古学文化研究提供了丰富的材料[②]。2001 年、2004 年、2005 年以及 2007 年对北岩汉代墓群进行了较大规模的考古工作，发掘面积近 4000 平方米，出土了大量汉代墓葬以及随葬器物，具有重要的研究价值和文物价值[③]。

　　小田溪墓群是涪陵地区最重要的考古发现之一。1972—1993 年由四川省文物管理委员会、四川省博物馆、重庆市博物馆、涪陵文化馆等单位进行了四次发掘，共清理墓葬 9 座，出土了大量铜器、陶器、玉器和琉璃器等，以铜器和陶器居多。这四次发掘使学术界逐渐认识到小田溪墓群并非如《华阳国志》所记载的属于巴国时期巴王陵的所在地，其主体时代应属于秦灭巴蜀以后的战国晚期到秦代。2002 年，重庆市文物考古所在小田溪墓群进行第五

---

① 重庆市文物考古所、重庆市文物局、重庆市涪陵区博物馆：《涪陵八卦遗址发掘简报》，收录于《重庆库区考古报告集·2000 卷（下）》，科学出版社，2007 年。

② 北京市文物研究所三峡考古队、涪陵区博物馆：《涪陵石沱遗址发掘报告》，收录于《重庆库区考古报告集·1997 卷》，科学出版社，2001 年。北京市文物研究所三峡考古队、重庆市涪陵区博物馆：《涪陵石沱遗址发掘报告》，收录于《重庆库区考古报告集·1998 卷》，科学出版社，2003 年。北京市文物研究所：《重庆市涪陵区石沱遗址 1998 年度发掘报告》，收录于《北京文物与考古（第五辑）》，北京燕山出版社，2002 年。北京市文物研究所三峡考古队、重庆市文物局、重庆市涪陵区博物馆：《涪陵石沱遗址发掘报告》，收录于《重庆库区考古报告集·2000 卷（下）》，科学出版社，2007 年。北京市文物研究所、重庆市文物局、重庆市涪陵区博物馆：《涪陵石沱遗址 2001 年度发掘报告》，收录于《重庆库区考古报告集·2001 卷（下）》，科学出版社，2007 年。

③ 重庆市文物研究所、重庆市文物局、重庆市涪陵区博物馆：《涪陵北岩墓群发掘报告》，收录于《重庆库区考古报告集·2001 卷（下）》，科学出版社，2007 年。重庆市涪陵区博物馆：《重庆市涪陵区北岩 M4 发掘简报》，《四川文物》2012 年第 4 期。汪伟：《涪陵区北岩汉代墓葬》，《中国考古学年鉴（2008）》，文物出版社，2009 年。

次发掘，共清理灰坑 1 座、战国墓 11 座、汉墓 2 座①。此次大规模发掘不仅进一步确定了墓群范围内没有早于战国时期巴人的墓葬；同时也极大丰富了巴国的考古材料，有力推动了我们对晚期巴文化阶段的社会、经济、文化等历史内涵的深入认识。

2000 年，陕西省考古研究所、重庆市涪陵区博物馆在太平村墓群清理了 21 座墓葬，包括东汉砖室墓 12 座，宋元石棚墓 9 座。2007 年，陕西省考古研究所、西安半坡博物馆再次对太平村进行了发掘，清理东汉墓葬 16 座；同时在平安村清理东汉墓葬 19 座，墓葬形制包括石室墓和砖室墓。这些发现为研究峡江地区东汉、宋元时期的埋葬制度及丧葬习俗的多样性提供了重要材料②。

2002 年，发掘了吴家石梁墓群、横梁子墓群以及薛家坪墓群。其中，吴家石梁墓群清理了 7 座战国至东汉时期的砖室墓和土坑墓③，横梁子墓群清理了 6 座汉至六朝的墓葬以及 1 座明代瓦窑。墓葬可分为砖室墓和石室墓两类，随葬器物较多，但等级不高，推测当为平民墓葬④。薛家坪墓群清理了六朝晚期砖室墓 1 座，明代石棚墓 1 座，明清时期土坑墓 1 座⑤。以上墓葬中均出土了较为丰富的随葬品，部分还包含纪年文物，对峡江一带墓葬的分类分期以及丧葬文化与制度研究具有重要意义。

2007 年，山东大学历史文化学院在涪陵区博物馆的配合下，清理了点易

① 重庆市文物研究所、重庆市文物局：《涪陵小田溪墓群发掘简报》，收录于《重庆库区考古报告集·2002 卷（中）》，科学出版社，2010 年。重庆市文化遗产研究院、重庆市涪陵区博物馆：《重庆涪陵小田溪墓群 M12 发掘简报》，《文物》2016 年第 9 期。

② 陕西省考古研究所、重庆市文物局、重庆市涪陵区博物馆：《涪陵太平村墓群考古发掘报告》，收录于《重庆库区考古报告集·2000 卷（下）》，科学出版社，2007 年。石磊、何周德：《涪陵去太平村与平安村东汉墓葬》，收录于《中国考古学年鉴（2008）》，文物出版社，2009 年。

③ 重庆市文物研究所、涪陵区博物馆：《涪陵吴家石梁（大院子）墓群发掘报告》，收录于《重庆库区考古报告集·2002 卷（中）》，科学出版社，2010 年。

④ 重庆市文物研究所、涪陵区博物馆：《涪陵横梁子墓群发掘报告》，收录于《重庆库区考古报告集·2002 卷（中）》，科学出版社，2010 年。

⑤ 重庆市文化遗产研究院、开封市文物工作队、涪陵博物馆：《涪陵薛家坪墓群 2002 年度发掘简报》，收录于《重庆库区考古报告集·2003 卷（一）》，科学出版社，2019 年。

墓地墓葬 5 座，包括西汉早期墓葬 2 座[①]。山西大学考古与博物馆系在鹤风村进行了钻探与发掘，清理了战国墓葬 1 座，南朝墓葬 3 座[②]。

2005—2007 年，重庆市文物考古所在涪陵陈家嘴遗址开展了两次考古发掘工作。发现了东周房址、道路等遗迹，清理战国晚期至秦代小型竖穴土坑墓 46 座，出土了大量巴文化遗物。墓葬均顺乌江而葬，体现了巴人特有的埋葬习俗。陈家嘴遗址距离之前发掘的小田溪墓地仅 400 米，发现的房址、道路等遗迹在一定程度上说明了遗址内曾经应存在较为活跃的人类活动，其与小田溪墓群应存在某种内在联系[③]。

（二）配合基本建设考古工作

三峡工程建设的同时以及结束之后，涪陵区内配合其他基本建设所开展的考古工作也较多。以下简要介绍较为重要的成果。

2001 年，为配合渝怀铁路的修建，重庆市文物考古所在重庆段进行了调查，发现了涪陵区清代安澜桥，两汉、清代凤阳墓群，东汉水盈砖室墓群、南宋沙丘石室墓等文物点，并对三处墓葬点进行了试掘[④]。同年，为配合鱼跳水电站工程建设，在工程范围内亦进行了文物调查等保护工作，发现明代高厚桥、清代绿溪岩摩崖题刻等文物点[⑤]。

2006—2007 年，为配合重庆市内 24 条高等级公路的修建，重庆市文物考古所对公路沿线进行了全面的调查工作，在涪陵区境内发现竹林湾明清墓群、水井湾明墓、沙坝明墓、坟湾明清墓群等 10 处明至民国时期墓群以及冷

---

① 山东大学历史文化学院：《重庆涪陵点易墓地汉墓发掘简报》，《文物》2014 年第 10 期。

② 赵杰：《涪陵区鹤风村战国南朝墓葬》，收录于《中国考古学年鉴（2008）》，文物出版社，2009 年。

③ 重庆市文物考古所：《重庆文物考古十年》，重庆出版社，2010 年。

④ 林必忠：《渝怀铁路重庆段古遗址》，收录于《中国考古学年鉴（2002）》，文物出版社，2003 年。林必忠：《渝怀铁路重庆段东汉至明清时期遗址》，收录于《考古学年鉴（2003）》，文物出版社，2004 年。

⑤ 林必忠：《鱼跳水电站工程区内古遗址》，收录于《中国考古学年鉴（2002）》，文物出版社，2003 年。

家沟民居 1 处①。

2008 年，为配合涪陵消防训练塔基地的建设，重庆市文物考古所、涪陵区文物管理所对宝顶墓地进行了发掘，共清理汉墓 3 座，均为长方形竖穴岩坑墓，出土器物包括陶器、铜器、漆木器以及半两钱和五铢钱等②。

2010 年，为配合涪陵江北护岸工程建设，重庆市文物考古所对调查发现的土地堡遗址、八角亭渡口遗址、太极亭墓地、转转堡墓地等重要文物点进行了发掘，清理了墓葬、窑炉、灰坑、灰沟等遗迹，出土文物标本 400 余件，时代可从新石器时代晚期延续到明清时期。其中八角亭渡口遗址发现的 9 座汉代窑炉遗迹为探讨当地汉代制陶业生产制度和体系提供了宝贵材料③。同年，为配合江东安置小区工程建设，对群沱子墓群进行了发掘，墓群包括群沱子墓地、枷担丘墓地和罗盘丘墓地，共清理墓葬 11 座，包括汉至六朝时期砖室墓 8 座、石室墓 1 座，明清时期土坑墓 2 座④。

2011 年，为配合涪陵区龙头港物流园工程建设，重庆市文化遗产研究院对太平村墓群的转转堡文物点进行了发掘。清理了灰坑、房址、墓葬等遗迹，时代涉及商、周、汉、宋、明、清⑤，为研究该地区墓葬分期、功能区布局等提供了重要材料。同年，为配合涪丰高速公路建设，重庆市文化遗产研究院、涪陵区博物馆对唐家坡、石院子墓地进行了考古发掘，一共清理了墓葬 44 座，包括汉墓 8 座，清墓 36 座。其中汉墓形制多样，随葬品丰富，为研究重庆周边地区东汉时期社会、经济、文化及丧葬习俗等，提供了珍贵的

① 重庆市文物考古所、重庆文化遗产保护中心：《重庆公路考古报告集》，科学出版社，2010 年。

② 重庆市文化遗产研究院、涪陵区文物管理所：《重庆市涪陵区宝顶汉墓发掘简报》，《四川文物》2017 年第 2 期。方刚：《涪陵宝顶西汉墓群》，收录于《中国考古学年鉴（2009）》，文物出版社，2010 年。

③ 周勇、李大地：《涪陵区点易村新石器时代商周及汉晋明清遗址》，收录于《中国考古学年鉴（2011）》，文物出版社，2012 年。

④ 周勇、李大地：《涪陵区群沱子汉至六朝及明清墓群》，收录于《中国考古学年鉴（2011）》，文物出版社，2012 年。

⑤ 内部资料。

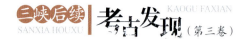

实物资料①。

2018—2019 年，为配合蔺市场镇防洪工程建设，重庆市文化遗产研究院、涪陵区博物馆对蔺市遗址进行了第四次发掘。共清理墓葬 29 座、房址 3 座、窑址 2 座、道路 1 条、采石场 1 处以及灰沟、灰坑数个，出土遗物 1020 件，遗存时代可分为新石器时代晚期、汉至六朝以及宋元明时期②。

（三）主动性考古工作

2004 年，为保护重庆地区明清佛教石刻造像，重庆三峡博物馆开展了相应的野外调查工作，其中即包括涪陵地区的尚家沟、石坝、黑刹洞三处摩崖龛像，时代均为清代③。

2008 年，重庆师范大学、重庆市文化遗产研究院以及涪陵区博物馆联合对里荔枝街道蒿枝坝村槽沟洞进行了调查，发现罐、釜、鏊、豆等陶器，野猪、水牛、水鹿、鲤鱼、虎、豹、白头蝰蛇等动物骨骼。该遗址首次证明了战国时期巴人也曾以洞穴为居所，白头蝰蛇也是在巴文化遗址中的首次发现，为研究巴人生存环境及其与蛇相关的文化信仰等找到了实物佐证④。

2017—2019 年，重庆市文化遗产研究院联合涪陵区博物馆对龟陵城遗址开展了主动性的调查、重点勘探和发掘工作。清理了城门、城墙、炮台、道路、排水沟、大型建筑基址等遗迹，时代从南宋延续至明清。其连续性的发掘工作加深了我们对整个四川盆地宋元（蒙）战争时期山城防御体系以及有关该时期内城址布局、功能划分、建筑技术等问题的认识⑤。

---

① 重庆市文化遗产研究院、涪陵区博物馆：《重庆市涪陵区唐家坡、石院子东汉墓发掘简报》，《四川文物》2015 年第 5 期。

② 汪伟、孙治刚：《涪陵区蔺市新石器时代晚期至明代遗址》，收录于《中国考古学年（2019）》，中国社会科学出版社，2020 年。

③ 重庆中国三峡博物馆：《重庆地区元明清佛教摩崖龛像》，《考古学报》2011 年第 3 期。

④ 重庆师范大学、重庆市文化遗产研究院、涪陵区博物馆：《重庆涪陵槽沟洞战国巴人洞穴居址调查简报》，《江汉考古》2013 年第 3 期。

⑤ 重庆市文化遗产研究院、涪陵区博物馆：《重庆涪陵区龟陵城遗址 2017 年调查与试掘简报》，《江汉考古》2018 年第 S1 期。孙治刚：《龟陵城遗址》，《红岩春秋》2018 年第 1 期。

三、三峡后续考古成果综述

据统计，涪陵区境内开展的三峡后续考古工作共计 21 项，累计完成发掘总面积近 16000 平方米，时代涵盖新石器时代至明清。以下按时代简要介绍相关文化遗存。

表 1　涪陵区三峡后续考古项目统计表

序号	项目编码	文物点名称	发掘年度	发掘面积（平方米）	备注
1	2011-11	香炉滩遗址	2011	615	三峡后续消落区地下文物保护项目
2	2013-14	太平村墓群	2013	1200	三峡后续消落区地下文物保护项目
3	2013-15	转转堡墓群	2013	300	三峡后续消落区地下文物保护项目
4	2013-38	盐旱溪墓群	2013	200	三峡后续消落区地下文物保护项目
5	2013-39	转转堡墓群	2013	1275	三峡后续消落区地下文物保护项目
6	2013-40	团坝墓群	2013	800	三峡后续消落区地下文物保护项目
7	2013-41	黄荆背遗址	2013	1052	三峡后续消落区地下文物保护项目
8	2013-42	大深溪墓群	2013	500	三峡后续消落区地下文物保护项目
9	2014-30	焦岩遗址	2014	825	三峡后续消落区地下文物保护项目

序号	项目编码	文物点名称	发掘年度	发掘面积（平方米）	备注
10	2014-31	古坟坝遗址	2015	866	三峡后续消落区地下文物保护项目
11	2014-32	麦子坝遗址	2016	825	三峡后续消落区地下文物保护项目
12	2014-33	小塘堡墓群	2015	750	三峡后续消落区地下文物保护项目
13	2014-34	渠溪口墓群	2013	845	三峡后续消落区地下文物保护项目
14	2014-35	下湾石室墓群	2013	300	三峡后续消落区地下文物保护项目
15	2016-16	麻溪遗址	2016	800	三峡后续消落区地下文物保护项目
16	2016-17	玲珑墓地	2015	668	三峡后续消落区地下文物保护项目
17	2016-18	网背沱汉墓群	2016	800	三峡后续消落区地下文物保护项目
18	2016-19	杨树林遗址	2016	210	三峡后续消落区地下文物保护项目
19	2016-34	坛神堡墓地	2015	813	三峡后续消落区地下文物保护项目
20	2016-35	龙子凼墓群	2017	1411	三峡后续消落区地下文物保护项目
21	2017-17	石塔墓地（大河口点）	2018	927	三峡后续消落区地下文物保护项目
合计				15982	

（一）先秦时期遗存

新石器时代遗存可见于渠溪口墓群、石塔墓地（大河口点）、黄荆背遗址以及龙子凼墓群。渠溪口墓群和石塔墓地（大河口点）均出土了较为丰富的陶器和石器标本。前者陶器以泥质陶为多，基本器物组合为高领壶、折沿罐、敛口钵、盆、豆、器盖等，器底多为平底器，石器多利用天然砾石打磨而成；后者出土陶器主要包括夹细砂陶和泥质陶，可辨器形主要有罐、缸、杯、钵、器盖等，出土石器大多经过磨制；二者均属于峡江地区新石器时代晚期的玉溪坪文化。黄荆背遗址出土陶器的可辨器形包括较多的花边口沿缸、平底尊，少量的瓮、盘、钵、罐、盆等，同时出土了大量的打制石片，石器半成品及少量磨制石器成品，堆积整体与忠县中坝遗址、哨棚嘴遗址新石器晚期地层堆积相近。龙子凼墓群出土新石器时代遗物包括石器和陶器，石器包括锛、斧、刀、坠等，陶器可辨器形有折腹盆、罐、平底器、钵尖底器、花边口沿器等。

商周遗存可见于焦岩遗址、香炉滩遗址。前者出土遗物包括石器和陶器，可辨器形有花边罐、大口尊、豆、尖底器等，与涪陵蔺市遗址出土器物有着共同的特征；后者遗存较少，均为陶器，可辨器形较单一，有罐、豆等。

涪陵地区新石器时代以及商周时期文化遗存的发现整体较少，以上 5 处文物点的相关发现为研究该地区早期人类活动、文化面貌等问题提供了重要资料。

（二）秦汉至六朝时期遗存

该时段内文化遗存集中在汉至六朝时期，以墓葬为主，出土遗物十分丰富。墓葬可见于焦岩遗址、麻溪遗址、石塔墓地（大河口点）、麦子坝遗址、香炉滩遗址、杨树林遗址、珍溪团坝墓群、渠溪口墓群、转转堡墓群[①]、坛

---

① 重庆市文化遗产研究院、涪陵区博物馆：《重庆涪陵转转堡墓群发掘简报》，《长江文明》2016 年第 2 期。

神堡墓地、玲珑墓地、小塘堡墓地、古坟堡墓地①、网背沱墓群②以及龙子凼墓群等共 15 处文物点。一共清理墓葬 99 座，墓葬形制包括竖穴土坑墓、砖室墓和石室墓以及砖石混筑墓。以砖室墓为主，平面形状主要有刀形、长方形和"凸"字形。汉代墓葬 70 余座，出土遗物有陶器、铜器、铁器以及玉器等。陶器包括生活用具，模型明器，各类人物俑、动物俑以及仿铜陶礼器等，其中生活用具包括罐、釜、盆、甑、钵、杯、碗、灯等；模型明器包括陶井架、井盖、房、塘、案、仓等；仿铜陶礼器主要见于西汉较早时期的墓葬中，器形主要有鼎、壶、钫等。铜器、铁器数量较少，以生活用具为主，此外还有钱币、饰件等。玉器多为饰件。六朝墓葬 10 余座，出土遗物中除了汉代墓葬中常见的陶质生活用具、模型明器及各类人物俑和动物俑，还常出现四系瓷罐、瓷碗、瓷杯、瓷碟、盘口壶等组合。以上遗存的出土更加丰富了三峡地区汉至六朝时期的墓葬材料，为我们研究三峡地区汉至六朝时期的丧葬观念、丧葬习俗、社会生活等相关的墓葬制度与社会文化提供了较好的实物资料。

（三）唐至明清时期遗存

这一时期的遗存主要包括房址、墓葬以及窑炉等。出土遗迹、遗物的数量虽远不及汉至六朝时期，但同样加深了我们对这一时期建筑理念与营建方式、丧葬文化与制度、手工业发展以及社会生活的认识。

太平村墓群文物点一共清理了宋代房址 4 座，均用石条围砌。房屋结构包括地基、挡土墙、护坡、柱洞、铺地石板及排水沟等，部分有天井结构。

---

① 重庆市文化遗产研究院、涪陵区博物馆：《重庆涪陵区古坟堡两座墓葬的发掘》，收录于《南方民族考古（第十辑）》，科学出版社，2018 年。

② 重庆市文物考古研究所、河南大学中原考古研究所、重庆市涪陵区博物馆：《重庆涪陵区网背沱墓群发掘简报》，《华夏考古》2017 年第 2 期。

出土遗物包括瓷盏、瓷碗、瓷碟、陶瓦当、陶盏、陶筒瓦以及盏、碟、壶等缸胎器。这批建筑基址的发现对于了解唐宋时期的基础营造和建筑理念具有重要的意义[①]。

墓葬以明清时期居多，见于珍溪盐旱溪墓群、网背沱墓群[②]、香炉滩遗址、坛神堡墓地、下湾墓地以及古坟堡墓地[③]，一共清理墓葬11座。五代时期墓葬1座，位于网背沱墓群，为长方形单室石室墓，出土陶壶、陶碟、黄釉瓷碗以及"五铢"钱币。宋墓1座，位于古坟堡墓地，为长方形土坑墓，仅出土瓷盏2件。明清时期墓葬共9座，其中明代墓葬均为同坟同穴多室合葬石室墓，均以加工规整的石板和条石砌筑，石板之间以石灰抹缝，为重庆、四川地区明墓常见砌筑方式；墓葬平面形状包括长方形和不规则圆形，以长方形为主；随葬品较少或无随葬品。这批明清时代墓葬的发现为我们进一步认识三峡地区这一时期的丧葬习俗等问题提供了重要材料。

综上所述，围绕三峡后续消落区文物保护与抢救这一项目在涪陵区开展的考古工作取得了十分重要的成果。其中汉至六朝墓葬及遗物的大量发现，为我们研究三峡地区该时期墓葬形制的演变、丧葬习俗的发展等问题补充了重要材料；大量陶质生活用具、模型明器、人物俑、动物俑，铜质或铁质生产生活用具以及钱币的出土为我们了解这一时期普通民众的生活习惯、农业生产、宗教信仰、经济发展等社会基本问题提供了丰富的实物资料；同时，这些材料的出土也进一步说明了这一时期内涪陵地区的经济、文化等均有较

① 重庆市文化遗产研究院：《涪陵区太平村墓群建筑基址发掘简报》，《长江文明》2016年第1期。

② 重庆市文物考古研究所、河南大学中原考古研究所、重庆市涪陵区博物馆：《重庆涪陵区网背沱墓群发掘简报》，《华夏考古》2017年第2期。

③ 《重庆市涪陵区古坟堡两座墓葬的发掘》，收录于《南方民族考古（第十五辑）》，科学出版社，2017年。

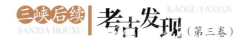

大发展，在此形成了人口聚居区，也造就了该地区历史上较为繁荣的时期。涪陵地区明代同坟同穴多室合葬石室墓的发现为川渝地区明墓的形制、砌筑方式以及这一时期家族观念、丧葬观念在墓葬上的体现等相关研究亦补充了新材料。窑址与房址的发现也为我们研究该地区的手工业发展、房屋建筑营造技术等问题提供了重要参考。

四、三峡后续代表性考古发现

（一）石塔墓地（大河口点）

石塔墓地（大河口点）位于涪陵区义和镇朱砂村6组，长江北岸的第二级台地上，海拔165～180米。遗址东面为连绵山岗，西北隔溪沟为仙女寨忠锋寺，西南与蔺市遗址隔江相望。2018年，重庆市文化遗产研究院、重庆师范大学历史与社会学院对该遗址进行发掘，发掘面积共计862平方米，共

石塔墓地（大河口点）探方完工照

清理灰坑 6 个，墓葬、窑炉各 4 座，遗存时代包括新石器时代、汉代、六朝以及明代。其中又以新石器时代墓葬、窑址遗存，汉代墓葬遗存较为重要。

新石器时代遗存属于玉溪坪文化，主要包括窑址和墓葬两类。其中露天窑 2 座，呈不规则圆形，是三峡地区新石器时代遗址中的首次发现[1]；墓葬 1 座，为长方形竖穴土坑墓，仅残存零星人体骨骼，大致可辨其头向朝西，性别、年龄、葬式不详，未发现随葬品。遗物主要出土于地层堆积中，包括陶片和石器。陶器中可辨器形主要有罐、缸、杯、钵、器盖等，其中泥质红陶罐及器底的上限可追溯到玉溪上层晚期阶段。石器制作方式有打制、磨制、钻孔、琢制等，绝大多数为磨制，器形主要有锛、斧、雕刻器、刀、凿、

石塔墓地（大河口点）新石器时代窑址（Y3）

石塔墓地（大河口点）新石器时代窑址（Y4）

石塔墓地（大河口点）新石器时代土坑墓（M1）

---

① 杨华、李大地：《三峡库区涪陵石塔墓地（大河口点）发现窑址分析——新石器时期、六朝、明朝的陶窑》，《三峡大学学报（人文社会科学版）》2021 年第 3 期。

矛、镞等。

东汉时期的遗存包括砖室墓3座，以2号墓和3号墓为代表。2号墓平面形状呈长方形，北部保存部分砖砌棺床，南部放置随葬品。出土器物以陶器为主，有少量石器。陶器包括罐、钵、碟、卮、盂等日用器皿，侍俑、鸡、熊、狗、镇墓兽等俑类；石器包括石坯和石锛。3号墓平面呈刀形，由甬道和墓室两部分组成，墓室底部铺砖。出土器物包括罐、钵、盆、甑、匜等陶质生活用具，钵、锺、匜等釉陶器，房、塘等模型明器以及侍俑、鸡俑，此外还有个别石器、铜器和铁器等。

石塔墓地（大河口点）东汉砖室墓（M2）

石塔墓地（大河口点）东汉砖室墓（M3）

此次发掘揭露出的一批新石器时代文化遗存具有重要意义。其中新石器时代窑址内废弃堆积层较厚，反映其使用时间可能较长。石器出土数量丰富，原料来源于遗址所处的长江河漫滩上，可以推测当时此区域内应存在一处专门的石器加工场所，可以完成从选择石料到打制成型，然后进行粗磨、细磨、精磨等一系列的制作流程。从整个遗址占地面积相对较大、遗物较丰富的情况来看，推测当时石塔墓地（大河口点）所在区域应已具备一定的社会规模，人口较多，聚居时间较长；当时的居民也掌握了一定的陶器烧制技术以及石器加工技术，可能已经出现了初步的社会分工。

（二）古坟坝遗址

古坟坝遗址位于涪陵区南沱镇睦和村一组，地处长江右岸名为庙岩河的二级台地上，长江水位的反复消涨以及近年来的取土活动对遗址造成了较为严重的破坏。2015 年 7 月—9 月，重庆市文化遗产研究院对该遗址进行了考古发掘，发掘面积总计 866 平方米，共清理灰坑 10 个、灰沟 7 条、窑 2 座、灶 4 座、柱洞 2 个、墓葬 2 座及瓮棺葬 1 座，出土陶、瓷、铜、石等各类遗物 900 余件，时代可涵盖新石器、商、周、汉、宋、元、明、清等多个时期，其中新石器时代、商周时期以及汉代遗存较重要。

古坟坝遗址远景

新石器时代遗存属于玉溪坪文化时期，以 1 号墓为代表。该墓为土圹石室瓮棺墓，土圹平面呈不规则长方形，墓室底部及四壁以沙岩石板砌筑，葬具为口部相互套合的 2 件网格纹夹砂陶瓮。

古坟坝遗址新石器时代石板瓮棺墓（M1）

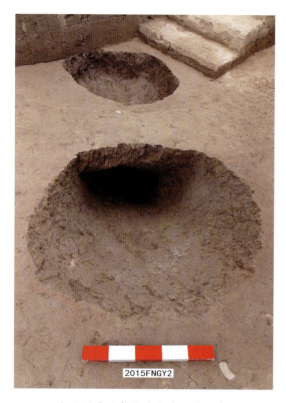

古坟坝遗址商周时期窑址（Y2）

商周时期的遗存丰富，主要遗迹包括灶、窑等。其中窑址为馒头窑，由窑室、火道以及操作坑组成，窑室与操作间平面均近圆形，底部为斜坡状，窑室周边有一层板结状红烧土。遗物多出土于地层堆积中，以陶器、石器为主。其中，陶器以夹砂陶居多，器型包括花边口缸、高领罐、小平底罐、尖底盏、尖底杯、圜底钵、器盖、纺轮等；石器以打制石器为主，另有少量磨制石器，器类有斧、锛、凿、铲以及石核、石片等。

汉代遗存以2号墓为代表。该墓为同茔异穴石室，墓葬平面呈刀形，为竖向轴对称布局，甬道间以横长方形通道相连接。墓葬由墓道、墓门、甬道、墓室等部分构成。墓壁、券顶等以条石砌筑，墓底以条形花纹砖铺地。墓葬随葬品有

古坟坝遗址东汉石室墓（M2）

"军假侯印"铜印章、釉陶釜、灰陶钵等。根据墓葬形制以及随葬品组合判断其时代当为东汉中晚期。

本次考古发现的新石器至商周时期的遗存类型多样、数量丰富，对研究

古坟坝遗址完工照

涪陵地区先秦时期的文化面貌以及进一步完善三峡地区新石器至商周时期的考古学文化序列等问题具有重要意义。东汉时期同茔异穴墓以及印章的发现则为我们研究这一时期的丧葬习俗以及汉代职官制度等问题提供了珍贵的实物材料。

（三）珍溪遗址群

涪陵区珍溪遗址群位于珍溪镇下游 5～6.5 公里长江左岸相邻的一级台地及山丘上，海拔 155～175 米，属于消落区江水冲刷最严重的地带。遗址群从上游起包括渠溪口墓群、黄荆背遗址、转转堡墓群、下湾墓群、团坝墓群及盐旱溪墓群，遗存时代可从新石器时代延续至明清时期。其中转转堡墓群大部分资料已公开发表 ①，以下即以渠溪口墓群、团坝墓群为代表作重点介绍。

1. 渠溪口墓群

渠溪口墓群位于珍溪镇渠溪村三组，地处长江左岸的缓坡台地上，墓群现存面积约 3000 平方米。2013 年重庆市文化遗产研究院对该遗址进行了考古调查与发掘工作，发掘总面积为 845 平方米，共清理灰坑 9 座、灰沟 1 条、

---

① 重庆市文化遗产研究院、涪陵区博物馆：《重庆涪陵转转堡墓群发掘简报》，《长江文明》2016 年第 2 期。

渠溪口墓群远景

墓葬 4 座以及陶窑 2 座，时
代涵盖了新石器时代、汉
代、宋代、明、清 5 个时
期，其中又以新石器时代、
汉代、宋代的遗存较为重要。

新石器时代遗存属于玉
溪坪文化时期，一共发现灰
坑 6 个，灰沟 1 条。出土遗
物包括陶器和石器。陶器泥

渠溪口墓群探方完工照

质陶略多于夹砂陶，出土器物多为平底器，极少圈足器，不见圜底器；常见
器物有高领壶、折沿罐、折腹盆、钵、盘、器盖、豆、平底器底等；石器多
为磨制石器，包括石斧、石锛、网坠、石球等，制作方式系用砾石打片后经
修理磨制而成。

汉代遗存包括砖室墓 1 座、竖穴土坑墓 3 座，均遭到不同程度的破坏。
其中砖室墓破坏严重，平面呈刀形，由甬道和墓室组成，墓室底部以及四壁以长方形和菱形几何纹砖砌筑，未发现随葬品。竖穴土坑墓 3 座，平面均呈长方形，未发现葬具和人骨。出土器物主要有罐、甑、灯、博山炉座、盒、井台模型、铜镜、铜饰件、钱币等。

宋代遗存包括馒头窑 2 座。1 号陶窑保存较好，陶窑结构包括窑门、火膛、窑室、挡火墙以及烟囱。窑内堆积物为疏松的灰土，夹杂大量红烧土块，出土较多筒瓦残片、汉代花纹砖等。窑室及火膛出土器物有筒瓦、板瓦、瓷碗、器足等，出土器物制作粗糙，应为宋代民间的砖瓦窑。

此次发掘出土的新石器时代遗存丰富了涪陵地区玉溪坪文化的考古材料；汉代墓葬的发现对研究三峡地区汉代墓葬制度和文化具有重要参考价值；宋代窑炉的发现则为研究宋代窑址选址、手工业发展水平提供了重要的考古材料。

渠溪口墓群西汉土坑墓（M2）

渠溪口墓群西汉土坑墓（M3）

渠溪口墓群西汉土坑墓（M4）

渠溪口遗址宋代窑址（Y1）

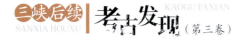

2. 团坝墓群

团坝墓群位于水口村 5 社长江北岸一级阶地上。2013 年，重庆市文化遗产研究院、涪陵区文物管理所对该墓群进行了发掘。发掘面积共计 800 平方米，共清理两汉时期和清代墓葬 5 座，其中以两汉时期的墓葬最为重要。

两汉时期的墓葬包括竖穴土坑墓 1 座和砖室墓 2 座。竖穴土坑墓为 1 号墓，平面形状呈长方形，墓室四周有熟土二层台，未发现葬具和人骨，出土器物包括巴式柳叶形矛、陶罐、陶甑，时代为西汉时期。砖室墓分别为 2 号

团坝墓群远景

团坝墓群（局部）完工照

团坝墓群东汉砖室墓（M2）

团坝墓群西汉土坑墓（M1）

团坝墓群东汉砖室墓（M3）

墓和 3 号墓，平面形状均呈刀形，出土遗物包括陶盆、罐、盒、杯、钵、博山炉等生活用具，各类人物俑、动物俑以及五铢钱等，时代为东汉中晚期。此次两汉时期墓葬的发掘丰富了涪陵地区的汉墓材料，为后续研究提供了实物基础。

（四）麻溪遗址

麻溪遗址位于白涛街道办西北约 7.5 千米麻溪河口两岸，地处乌江北岸多级台地之上，东、西、北三面均为山地围绕，海拔 175 ～ 190 米。2016 年，重庆市文化遗产研究院、北京大学考古文博学院对该遗址进行了钻探与发掘工作。其中勘探面积约 28000 平方米，发掘面积总计 800 平方米，共清理墓葬 14 座，灰坑 3 座，灰沟 1 条，出土遗物 200 余件。遗存时代包括两汉时期和明清时期，其中以两汉时期的墓葬遗存最为重要。

两汉时期的遗存包括墓葬 11 座。墓葬形制多样，包括竖穴土坑墓、砖室墓、石室墓。

　　竖穴土坑墓8座，出土器物包括陶质生活用具、仿铜陶礼器以及少量釉陶器，可以4号墓和8号墓为代表。其中4号墓平面形状为长方形，出土陶器以陶罐为主，此外还有盆、灯、锺、甑、盒、鼎、盂、匜等，铜器有铜洗、铜釜以及钱币，铁器包括铁釜等。8号墓墓室内尚存椁室痕迹，椁室分为东、西厢，东厢埋葬墓主，西厢放置随葬品，具有"楚式"风格特色，时代推测为西汉初期。

　　砖室墓3座，平面形状包括长方形、刀把形以及"凸"字形。以3号"凸"字形墓为代表，墓葬由甬道和墓室组成，均以单砖错缝平砌构筑，墓室原为横券，墓底无铺地砖。出土陶器包括生活用具博山炉、钵、罐、甑、釜、匜、杯等，模型明器陶井以及各类人物俑和动物俑；铜器有铜洗、铜釜以及"五铢"钱；铁器主要是铁削和铁刀。根据墓葬形制及随葬品组合可判

麻溪遗址航拍

麻溪遗址西汉土坑墓（M4）

麻溪遗址西汉土坑墓（M8）

麻溪遗址东汉砖室墓（M3）

麻溪遗址东汉砖室墓（M10）

断其年代在东汉中晚期。

　　石室墓仅有 10 号墓 1 座，墓葬平面形状呈刀形，墓室、甬道损毁严重，仅存部分石块，墓室内发现两个头骨，推测原可能为合葬墓。出土器物有陶罐、陶碗、陶锺、陶塘、陶楼、陶人物俑、"五铢"钱等，年代同为东汉时期。

　　以上墓葬的形制特征与随葬品组合基本符合三峡地区西汉初期至东汉中晚期的特征和演变轨迹，墓葬分布均较为集中，内涵丰富，为探讨乌江流域汉代墓葬形态、葬俗乃至三峡地区汉代社会形态提供了宝贵的新材料。

（五）麦子坝遗址

　　麦子坝遗址位于南沱镇石佛村一社，长江右岸的二级台地上，东为长江

麦子坝遗址全景

河漫滩，南临大溪沟，西靠五羊背，北靠小溪口。重庆市文物考古所、涪陵区文物管理所联合对三峡消落区进行文物调查时发现该遗址，2016年，对该遗址进行正式发掘。发掘面积825平方米，共清理墓葬13座，灰沟11条，柱洞2个，灰坑2个，时代包括汉至六朝时期和明清时期，以汉至六朝时期的墓葬遗存最为重要。

东汉中晚期墓葬6座，皆为"凸"字形砖室墓，以7号墓为代表。7号墓由甬道和墓室构成，均采用菱纹、花边纹砖错缝平砌构筑，券顶无存，墓底无铺地砖也无砾石。随葬品以陶器为主，包括生活用具罐、盆、钵、博山炉等，模型明器陶房、陶井等以及大量人物俑和动物俑，此外还有铜钱币、铜饰件等。

六朝时期墓葬7座，均为"凸"字形砖室墓，以3号墓为代表。3号墓由甬道和墓室构成，以菱形花纹砖错缝顺砌，墓室南壁基本损毁，券顶不存，墓底平铺卵石一层。随葬品有陶器、瓷器、铜器以及铁器，器物形制包括杯、钵、罐、釜、勺、博山炉、井、俑、钱币等。

麦子坝遗址东汉砖室墓（M7）　　　　　麦子坝遗址六朝砖室墓（M3）

由上可知，麦子坝遗址以汉至六朝时期的墓葬为主，表明这片区域在该时期多用于埋葬。出土遗物类型丰富，时代跨度长，具有较为重要的文物价值和研究价值。

（六）龙子凼墓群

龙子凼墓群位于涪陵区李渡街道盘龙村 5 组，东距涪陵城区直线距离约 10 公里。墓群分布于长江左岸约两公里的沿江坡地上，北为鹤凤大道，东距黄鳝沟河沟 300 米，南临长江，西邻攀华码头作业区。2017 年，重庆市文化

龙子凼墓群Ⅰ A 区完工照

龙子凼墓群新石器时代灰坑（H2）

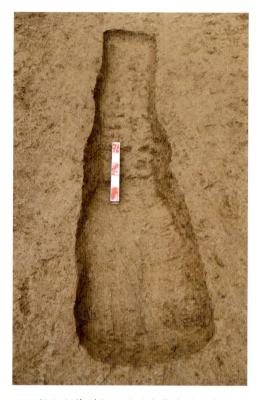

龙子凼墓群新石器时代灰坑 （H6）　　　　　　龙子凼墓群新石器时代灰沟（G4）

遗产研究院、涪陵区文物管理所对该遗址进行了发掘，发掘面积 1411 平方米。共清理灰坑 3 座、灰沟 1 条、墓葬 7 座以及窑址 2 座，出土遗物标本 300 余件，时代可从新石器时代延续至明清时期，其中以新石器时代、东汉时期以及明清时期的遗存为主。

新石器时代遗存主要包括灰坑 2 座以及灰沟 1 条。出土遗物有陶器和石器。陶器以泥质陶为主，可辨器型有折腹盆、双唇罐、高领罐、小平底器、敛口钵、尖底器、花边口沿器等；石器器型包括斧、锛、坠、刀等，另有砺石、石核等石制品。

东汉时期的遗存以墓葬为主。墓葬形制包括刀把形、"凸"字形砖室墓以及长方形竖穴土坑墓。出土器物以陶器为主，包括罐、钵、盆、灯座、博山炉、盘、盖等生活用具，井、塘、楼等模型明器以及人物俑和动物俑，均

龙子凼墓群东汉砖室墓（M1）

龙子凼墓群东汉土坑墓（M2）

为峡江地区东汉墓葬中的常见器物，另还有少量石器、铜钱等。

明清时期的遗存包括瓦窑2座。1号窑为半倒焰入窑封顶式馒头窑，平面略呈椭圆形，由窑室、烟囱、窑床、火膛以及窑门组成，操作间损毁；2号窑平面呈"只"字形，由窑圹、窑室、烟囱、火膛、窑门以及操作间组成，窑址上部结构不存。

龙子凼墓群明清时期窑址（Y1）

龙子凼墓群时代跨度长，出土文化遗存丰富，遗迹和遗物类型多样，为研究该地区的社会生活、丧葬习俗补充了重要的实物材料。

龙子凼墓群明清时期窑址局部（Y2）

龙子凼墓群明清时期窑址局部（Y2）

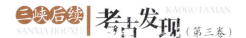

（七）焦岩遗址

焦岩遗址位于涪陵区南沱镇焦岩村1组，地处长江南岸一级台地上，东邻石佛墓群，南靠缓坡，西接古坟坝遗址，北为长江河漫滩。台地地貌为平台、缓坡、小山丘相间，南高北低。2009年，重庆市文物考古所、涪

焦岩遗址东汉砖室墓（M3）

陵区博物馆联合对三峡消落区文物进行调查时发现该遗址，2014年对该遗址进行了发掘，发掘面积825平方米，清理了灰坑1座、灰沟1条、墓葬13座以及窑址1座，时代从商周时期延续至明清时期，其中以汉至六朝时期的墓葬遗存为主体。

汉至六朝时期共发现墓葬7座，以3号墓为代表。3号墓平面形状呈刀形，甬道侧壁和墓壁以长方形砖错缝顺砌，甬道底部和墓底分别以石板和长方形砖平铺，其中墓室后端分南北两列摆放5块条石，推测为垫棺木用。随葬品种类和数量丰富，陶器有罐、钵、塘、房、摇钱树座、人物俑以及动物

焦岩遗址远景

焦岩遗址宋代石室墓（M8）

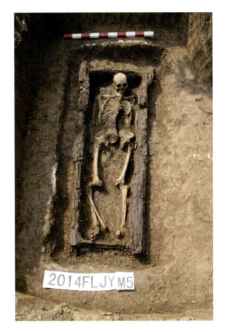

焦岩遗址清代土坑墓（M5）

俑等，瓷器以罐为主，铜器有耳杯、釜、饰件以及钱币等，铁器有剑、削等。

商、周、宋、明清时期发现的遗存相对较少。商周时期遗物有花边口沿罐、陶豆、尖底器、大口尊等；宋代包括石室墓2座，出土黑釉瓷碗等少量随葬品；明清墓葬4座，均为小型土坑墓，出土陶罐、青花瓷片等；明、清窑址1座，由火门、火膛、窑室、烟道构成，窑室内出土板瓦残片。

焦岩遗址的文化堆积主要涵盖了商周时期、汉至六朝时期、宋代以及明清时期，表明该遗址在年代上虽偶有缺环，但基本处于连续发展时期。其中汉至六朝时期、宋代以及明清时期均出土墓葬，出土遗物虽保存较

焦岩遗址清代窑址（Y1）

差，但数量较多、类型丰富，为研究这一阶段器物的演变以及葬俗的发展具有重要意义。

（八）香炉滩遗址

香炉滩遗址位于涪陵区义和镇高峰村十组，地处长江北岸二级台地上，海拔 176 米。遗址东临石嘴，南靠长江边，西至华家岩，北依马头山。2013年 3 月—4 月，重庆市文化遗产研究院、涪陵区文物管理所对该遗址进行了发掘，发掘面积 615 平方米，清理墓葬 7 座、灰坑 5 座、灰沟 1 条、柱洞 3 个，时代包括商周时期、两汉时期以及明清时期，其中以汉代墓葬遗存最为重要。

两汉时期遗存包括墓葬 5 座，以 6 号墓和 7 号墓为代表。其中 7 号墓为长方形竖穴土坑墓，坑壁斜直，出土器物以陶罐为主，另有陶蒜头壶、陶釜、陶盆、陶网坠、石斧、铁釜等生产生活用具，时代为西汉中期。6 号墓为"凸"字形砖室墓，墓壁下部以长方形砖错缝顺砌，墓壁上部及券顶不存，

香炉滩遗址 Ⅰ 区完工照

香炉滩遗址Ⅱ区完工照

香炉滩遗址西汉土坑墓（M7）

香炉滩遗址东汉砖室墓（M6）

墓底以单边花纹砖纵、横相交对缝平铺。随葬品包括陶罐、陶盆、博山炉、陶钵、陶井、瓷罐以及钱币等，时代为东汉时期。

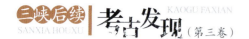

（九）杨树林遗址

杨树林遗址位于涪陵区白涛办事处陈家嘴社区1组，地处乌江北岸二级台地的平坝上，小地名正坪，海拔182米。遗址东至街基，西到槽房嘴，南为乌江漫滩，北靠新房嘴。与麻溪遗址、玲珑墓地距离较近。2016年10月，重庆市文化遗产研究院、涪陵区文物管理所对该遗址进行了发掘，发掘面积210平方米，共清理两汉时期墓葬2座，出土遗物十分丰富。

1号墓为"凸"字形砖石混筑墓，由甬道和前、中、后三室组成，前室与中室以砖墙相隔，中室与后室以石墙相隔。墓葬前室西部保存有板灰痕迹及大量的"五铢"钱，东部放置随葬品，中、后室扰乱严重。出土器物包括陶罐、陶釜、博山炉盖、陶灯、陶井架、铜环、银手环、"五铢"钱等，根据

杨树林遗址完工照

杨树林遗址东汉砖室墓（M1） 杨树林遗址西汉土坑墓（M2）

墓葬形制及随葬品组合判断其时代应为东汉早期。

2号墓为长方形竖穴土坑墓。墓室东、西部各有人骨一具，人骨下方保存有棺木痕迹以及大量"货泉""大泉五十"钱币，随葬品大多置于人骨之间，其中东侧人骨附近保存有少量朱砂，西侧人骨附近随葬铁剑，因此推测该墓或为夫妻合葬墓。其余随葬品还有陶杯、陶罐、陶盘、陶盆、陶钵、陶网坠、铜釜等，未见陶俑及模型明器，时代偏早，应为西汉晚期。

两座墓葬出土遗物种类丰富，数量较多，时代连贯，相隔较近，极有可能为当时的家族墓地。其发掘为我们探讨涪陵地区汉代的墓葬、葬俗以及社会形态提供了新资料。

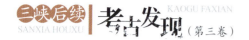

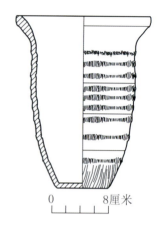

陶盘口深腹罐

石塔墓地（大河口点）出土
新石器时代

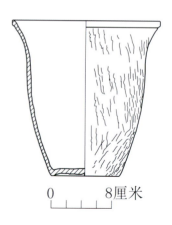

陶卷沿深腹罐

石塔墓地（大河口点）出土
新石器时代

石锛

石塔墓地（大河口点）出土
新石器时代

石锛

石塔墓地（大河口点）出土
新石器时代

石锛

石塔墓地（大河口点）出土
新石器时代

陶卷沿深腹罐

黄荆背遗址出土

新石器时代

陶高领壶

黄荆背遗址出土

新石器时代

陶盆

黄荆背遗址出土

新石器时代

石锛

黄荆背遗址出土
新石器时代

陶盘

渠溪口墓群出土
新石器时代

陶圈足盘

渠溪口墓群出土
新石器时代

陶钵

渠溪口墓群出土
新石器时代

石锛

渠溪口墓群出土
新石器时代

陶折沿罐

古坟坝遗址出土
新石器时代

陶折沿罐

古坟坝遗址出土
新石器时代

石锛

龙子凼墓群出土
新石器时代

石锛

龙子凼墓群出土
新石器时代

石斧

龙子凼墓群出土
新石器时代

石斧

龙子凼墓群出土
新石器时代

石斧

龙子凼墓群出土
新石器时代

陶小平底罐

古坟坝遗址出土
商周

陶尖底罐

古坟坝遗址出土
商周

陶圜底钵

古坟坝遗址出土
商周

陶尖底盏

古坟坝遗址出土
商周

陶尖底盏

古坟坝遗址出土
商周

陶圜底钵

古坟坝遗址出土
商周

陶纺轮

古坟坝遗址出土
商周

陶纺轮

古坟坝遗址出土
商周

石斧

古坟坝遗址出土
商周

石锛

古坟坝遗址出土
商周

石球

古坟坝遗址出土
商周

石斧

焦岩遗址出土
商周

陶尖底杯

黄荆背遗址出土
商周

琉璃耳珰

麦子坝墓群出土
东汉

陶钫

黄荆背遗址出土
西汉

陶罐

黄荆背遗址出土
西汉

碳晶饰件

麦子坝墓群出土
东汉

铜釜

转转堡墓群出土
西汉

铜钫

转转堡墓群出土
西汉

铜釜

转转堡墓群出土
西汉

铜洗

转转堡墓群出土
西汉

铜洗

转转堡墓群出土
西汉

铜灯

转转堡墓群出土
西汉

铜灯

转转堡墓群出土
西汉

铜镜

转转堡墓群出土
西汉

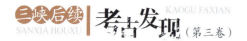

铜灯

转转堡墓群出土
西汉

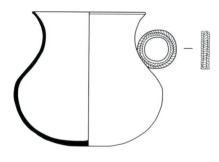

0　2　4厘米

铜鍪

渠溪口墓群出土
西汉

陶鼎

麻溪遗址出土
西汉

陶釜甑

麻溪遗址出土
西汉

陶罐

香炉滩遗址出土
西汉

159

陶罐

香炉滩遗址出土
西汉

陶釜

香炉滩遗址出土
西汉

陶盆

香炉滩遗址出土
西汉

陶蒜头壶

香炉滩遗址出土
西汉

陶钫

香炉滩遗址出土
西汉

釉陶杯

杨树林遗址出土
东汉

釉陶魁

杨树林遗址出土
东汉

釉陶釜

杨树林遗址出土
东汉

陶盆

杨树林遗址出土
东汉

釉陶锺

杨树林遗址出土
东汉

釉陶博山炉座

杨树林遗址出土
东汉

釉陶博山炉盖

杨树林遗址出土
东汉

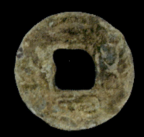

大泉五十

杨树林遗址出土

东汉

五铢

杨树林遗址出土

东汉

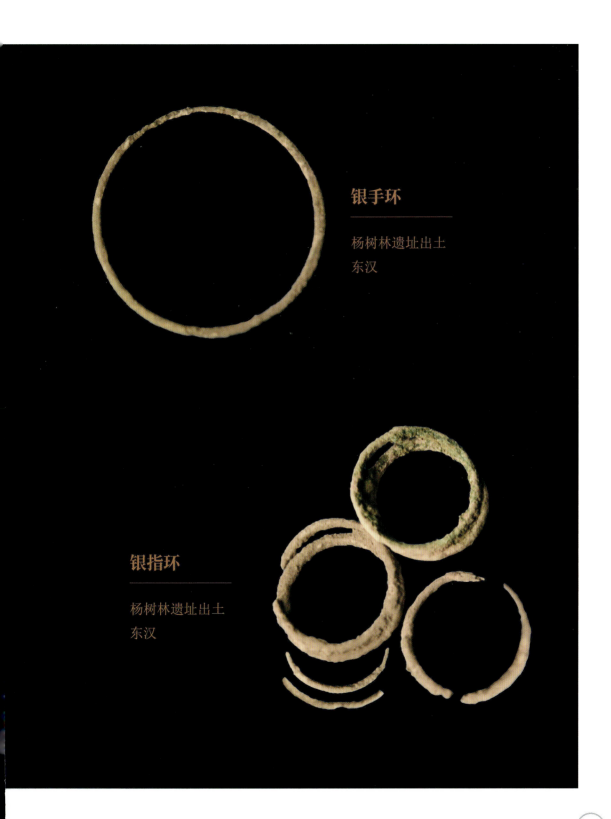

银手环

杨树林遗址出土
东汉

银指环

杨树林遗址出土
东汉

陶井圈

杨树林遗址出土
东汉

陶庖厨俑

石塔墓地（大河口点）出土
东汉

陶釜

石塔墓地（大河口点）出土
东汉

陶鸡

石塔墓地（大河口点）出土
东汉

陶镇墓兽

石塔墓地（大河口点）出土
东汉

瓷碗

石塔墓地（大河口点）出土
六朝

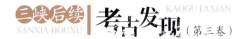

铜饰件

石塔墓地（大河口点）出土
东汉

"军假侯"铜印

古坟坝遗址出土
东汉

陶罐

团坝墓群出土
东汉

陶博山炉

团坝墓群出土
东汉

陶俑

团坝墓群出土
东汉

陶猪

团坝墓群出土
东汉

铜矛

团坝墓群出土
东汉

陶胡人吹埙俑

麻溪遗址出土
东汉

釉陶锺

麻溪遗址出土
东汉

釉陶博山炉

麻溪遗址出土
东汉

陶舞蹈俑

麻溪遗址出土
东汉

陶俑

麦子坝遗址出土
东汉

陶灯

麦子坝遗址出土
东汉

陶钵

麦子坝遗址出土
东汉

釉陶锺

麦子坝遗址出土
东汉

陶罐组合

龙子凼墓群出土
东汉

陶盆（左）、陶簋（右）

龙子凼墓群出土
东汉

陶盒

龙子凼墓群出土
东汉

陶壶

龙子凼墓群出土
东汉

釉陶器、陶器组合

龙子凼墓群出土
东汉

釉陶器、陶器组合

龙子凼墓群出土
东汉

陶井

龙子凼墓群出土
东汉

陶灯座

龙子凼墓群出土
东汉

釉陶博山炉

龙子凼墓群出土
东汉

陶吹埙俑

龙子凼墓群出土
东汉

陶鸡

龙子凼墓群出土
东汉

陶胡人吹箫俑

龙子囟墓群出土
东汉

陶器盖

焦岩遗址出土
东汉

陶狗

焦岩遗址出土
东汉

陶摇钱树座

焦岩遗址出土
东汉

陶房

焦岩遗址出土
东汉

青瓷四系罐

焦岩遗址出土
六朝

青瓷双系罐

焦岩遗址出土
六朝

陶釜

香炉滩遗址出土
东汉

釉陶釜

香炉滩遗址出土
东汉

瓷碗

香炉滩遗址出土
东汉

陶盆

香炉滩遗址出土
东汉

串珠

麦子坝遗址出土
六朝

铜耳杯釦

麦子坝遗址出土
六朝

铜镜

焦岩遗址出土
六朝

青瓷盘口四系壶

麦子坝遗址出土
六朝

青瓷盘口四系壶

焦岩遗址出土
六朝

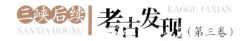

陶器盖

香炉滩遗址出土
东汉

釉陶卮

香炉滩遗址出土
东汉

釉陶博山炉

香炉滩遗址出土
东汉

黑釉瓷单耳壶

龙子凼墓群出土
宋代

青瓷碗

龙子凼墓群出土
宋代

黑釉瓷碗

太平村墓群出土
宋代

青瓷碗

太平村墓群出土
宋代

陶瓦当

太平村墓群出土
宋代

陶壶

太平村墓群出土
宋代

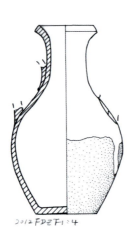

长寿

渝北

南岸 篇

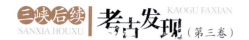

一、区域概况

（一）长寿区

1. 地理环境

长寿区位于重庆市境中部。东南与涪陵区接壤，西南与渝北区、巴南区为邻，东北接垫江县，西北与四川省邻水县相接。区境位于北纬29°43′～30°12′、东经106°49′～107°27′。辖区总面积1424平方公里，共辖7个街道、12个镇。

长寿区地处四川盆地东部平行岭谷褶皱低山丘陵区。长江北岸地势顺大巴山支脉由东北向西南呈阶梯下降，东侧黄草山，中偏西侧明月山，西部边缘铜锣山，南端五堡山。黄草山与明月山之间地势开阔，葛兰、渡舟、双龙为较大平坝。低山一般海拔500米至900米，明月山主峰白云山海拔1034米，是境内最高峰。长江黄草峡出口黄尾岭江面175.6米（三峡电站175米蓄水后），为境内最低处。沿江为丘陵台地。区内江河纵横、水网密布，黄金水道长江穿流南部，支流龙溪河、大洪河、御临河及桃花溪等3河13溪纵贯全境。

长寿区属亚热带湿润季风气候，呈现四季分明，气候温和，冬暖春早，初夏多雨，盛夏炎热常伏旱，秋多连绵阴雨，无霜期长，温差大，多雾少日照的特征。

长寿区自然资源丰富，植物、动物资源种类繁多。森林覆盖率21.73%，以亚热带常绿阔叶林与针叶林为主，1000余种植物中有水杉、银杏、月桂等珍贵树种。动物218种，包括一类保护动物中华鲟、白鲟、胭脂鱼，二类保护动物豹，三类保护动物长江鲟、红腹锦鸡、灵猫、獐子等。境内矿产资源丰富，有开采价值的矿藏有20多种，包括天然气、煤炭、白云岩、石灰石、厚层岩盐沙金、硫铁矿、黄铁矿、铝土矿、钾矿、石膏等。

2. 历史沿革

商周时期区境属巴国。秦汉属巴郡枳县。

北周武成三年（561年），废枳县，其地并入巴县。

唐代武德二年（619年），以县南有乐温山，故名乐温县，初置属南潾州，武德九年（626年），改属涪州。宋因之。

元代至元二十年（1283年），乐温县并入涪州。

明代洪武六年（1373年）九月，明玉珍将乐温县改名长寿县，仍属涪州。同年改属重庆府。

清嘉庆年间，省下设道，长寿县属川东道。

民国三年（1914年），改川东道为东川道，长寿县属东川道。民国七年（1918年）后，全省军阀割据，长寿县先后划属刘湘、杨森防区。民国十七年（1928年）撤道，省辖县，知事公署名县政府。民国二十四年（1935年）川政统一，长寿县属四川省第十行政督察区，专员公署设大竹县城。

1949年12月2日，长寿县解放。12月18日长寿县人民政府成立。1950年，长寿县由大竹专区划属涪陵专区。1952年，长寿县划属重庆市辖。1953年，长寿县复划属四川省涪陵专区。1959年，长寿县复划属重庆市辖。1997年重庆直辖，隶属不变。2002年4月9日，重庆市长寿区成立。

3. 文物资源

长寿区文物资源丰富。根据第三次全国文物普查统计，区境内目前共有不可移动文物605处，包括古遗址56处、古墓葬258处、古建筑170处、石窟寺及石刻77处、近现代重要史迹及代表性建筑43处，其他不可移动文物1处。在文物保护级别方面，截至2022年，有重庆市级文物保护单位8处、区级文物保护单位32处。

（二）渝北区

1. 地理环境

渝北区位于重庆主城东北部。东邻长寿区、南与江北区毗邻，同巴南区、南岸区、沙坪坝区隔长江、嘉陵江相望，西连北碚区、合川区，北接四川省华蓥市和邻水县。区境位于东经106°27′30″～106°57′58″、北纬

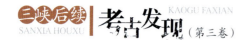

29°34′45″～30°07′22″。辖区面积 1452 平方公里，至 2019 年底，全区有 19 个街道和 11 个镇。

渝北区地处华蓥山主峰以南的巴渝平行岭谷地带，地势从西北向东南缓缓倾斜。境内为自西向东由华蓥山脉、铜锣山脉、明月山脉三条西北至东南走向的条状山脉和宽谷丘陵交互组成的平行岭谷。北部为中山，海拔 1460～800 米；中部为低山，海拔 800～450 米；南部多浅丘，海拔 450～155 米。地貌多呈垄岗状，山体雄厚，长岭岗、馒头山、桌状山错落于岭谷间，地势起伏较大。喀斯特地貌分布较广，谷坡河岸多溶洞。过境主要河流有长江和嘉陵江，长江沿区境东南边境流过，区境中东部有寸滩河、朝阳河、长堰溪、御临河注入；嘉陵江沿区境西南边境流过，有后河注入。

渝北区属亚热带湿润气候区，大陆性季风气候特点显著。具有冬暖春早，秋短夏长，初夏多雨，无霜期长，湿度大，风力小，云雾多，日照少的气候特点。

渝北区自然资源丰富。植被属亚热带湿润常绿阔叶林区，原生植被破坏后逐渐生成次生林，分布在各山脉。有野生植物 97 科 219 属 326 种，有野生脊椎动物 87 种，被列为国家重点保护的动物有锦鸡、鲟鱼、水獭等。矿产资源主要有煤、天然气、硫铁矿、砂金、含钾凝灰岩、石灰岩、石英砂、陶瓷土、耐火黏土等 10 余种，均有不同程度开采。

2. 历史沿革

商周时期区境属巴国。秦汉至西晋时属巴郡江州县。

南齐永明五年（487 年），改江州县置为垫江县，本境大部即属垫江县。

北周明帝武成二年（560 年），改垫江县为巴县，将枳县部分并入，隶于楚州巴郡。

隋开皇三年（583 年），罢郡，以州统县，改楚州为渝州，历隋唐直至清乾隆年间，本境俱为巴县地。

乾隆十九年（1754 年），析巴县江北镇置江北厅，重庆府同知自城内白象街移此驻守。乾隆二十四年（1759年），将巴县义里、礼里及仁里上六甲划归江北厅，史称"江巴分治"。江北厅隶于四川行省重庆府。

民国二年（1913年），废府、厅之设置，另设道统县，江北厅改为江北县，隶于四川省川东道。

1949年11月30日，江北县解放，相继隶属于川东行署璧山专区、四川省江津专区、重庆市、永川地区。1976年从永川地区划归重庆市。1994年12月撤江北县建渝北区，以原江北县行政区划出11个乡镇的地域为其行政区域。1997年重庆市直辖，渝北区被确定为地级区。

3. 文物资源

渝北区文物资源较为丰富。根据第三次全国文物普查统计，区境内目前共有不可移动文物605处，包括古遗址71处、古墓葬268处、古建筑171处、石窟寺及石刻60处、近现代重要史迹及代表性建筑33处、其他不可移动文物2处。在文物保护级别方面，截至2022年有重庆市级文物保护单位2个（4处地点）、区级文物保护单位40个（42处地点）。

（三）南岸区

1. 地理环境

南岸区位于重庆市西部，地处长江、嘉陵江两江交汇处的长江南岸。西部、北部临长江，与九龙坡区、渝中区、江北区隔江相望，东部、南部与巴南区接壤。区境位于东经106°31′4″～106°47′2″、北纬29°27′2″～29°37′2″。辖区面积262.43平方公里，至2016年底，全区共辖7个镇8个街道。

南岸区位于川东平行岭谷的重庆向斜和明月峡背斜之间，总体上地势东、西部高，中部低并由南向北倾斜，区内海拔150～680米，南山春天岭海拔683米，为境内最高点，广阳镇玉泉村长江枯期水面海拔150米，为境内最低点。顺应构造发育，地表起伏明显，岭谷相间，河流纵横，构成低山、丘陵、河谷等多种地貌形态。过境主要河流有长江和嘉陵江，长江沿区境东南边境流过，区境中东部有寸滩河、朝阳河、长堰溪、御临河注入；嘉陵江沿区境西南边境流过，有后河注入。

南岸区属于亚热带季风气候，具有四季分明，气候温和，雨量充沛，气候有春早、夏热、秋迟、冬暖的特征。

南岸区内矿产资源主要有有煤、石灰岩、砂岩、石英砂岩、页岩、泥岩、硅石、河沙、沙金、铁矿、地热、矿泉水等 12 种，全部为沉积矿产。

2. 历史沿革

商周时期区境属巴国。秦汉至西晋时属巴郡江州县。

南齐永明五年（487 年），改江州县置垫江县，隶属垫江县。

北周明帝武成二年（560 年），改垫江县为巴县，隶属楚州巴县。

隋开皇三年（583 年），罢郡，以州统县，改楚州为渝州，历隋唐直至清代本境俱为巴县地。

民国十八年（1929 年），重庆从巴县分离，正式建市，编制为国民政府二级乙等省辖市，归四川省管辖，在玄坛庙设南岸市政管理处。

1935 年 2 月，正式设立重庆市第四区，下半年改为重庆市第六区。1939 年 6 月，第六区分为重庆市第十一、十二两个区。1941 年，增设重庆市第十五区。区划几经调整。1950 年 6 月，长江南岸 4 个区合并为重庆市第五区、第六区。1952 年 10 月，第五、六区合并为重庆市第五区。1955 年 10 月，第五区因地处长江之南而命名为重庆市南岸区。其后辖地虽有增减，区名无变。

3. 文物资源

根据第三次全国文物普查数据，南岸区境内共有不可移动文物 161 处，包括古遗址 18 处、古墓葬 22 处、古建筑 15 处、石窟寺及石刻 12 处、近现代重要史迹及代表性建筑 93 处、其他不可移动文物 1 处。在保护级别方面，现有全国重点文物保护单位 3 处、重庆市保护单位 22 处、南岸区保护单位 15 处。

二、既往考古工作简述

（一）长寿区

长寿区的考古工作起步较晚，以配合基本建设和主动性考古发掘为主，目前的考古成果虽整体相对较少，但仍为我们研究该地区的社会变迁、文化发展以及历史进步等问题提供了较为丰富的实物材料，以下简要介绍既往成果。

1. 三峡工程文物保护工作

1980年，重庆市博物馆对重庆市长江河段进行了考古调查，一共发现新石器时代遗址22处，其中长寿区内即有3处，分别为陈家湾遗址、杨家湾遗址、渡口礁石湾遗址。遗址内发现采集了较多暴露于地面的石器。此次较大规模的调查拉开了长寿区内考古工作的序幕①。

2. 配合基本建设考古工作

2001年，为配合渝怀铁路的修建，重庆市文物考古所在重庆段进行了调查。于扇沱镇发现地面文物点王爷庙。王爷庙建于清乾隆时期，是巴蜀一带民间建筑和官式建筑的混合体，十分具有代表性②。

2006—2007年，为配合重庆高等级公路建设，重庆市文物考古所对包括巴南至涪陵高等级公路在内的24条公路沿线进行了调查，在长寿区调查发现了萧家湾清墓群、黎家湾石室墓、新龙湾清墓、冉家湾清墓、瓦场湾清墓群等5处古墓葬③。

2007年，为配合重庆钢铁集团环保搬迁工程建设，重庆市文物考古所在江南镇征地区内开展了相应的考古工作。共发现地下文物点11处，包括遗址

---

① 重庆市博物馆：《重庆市长江河段新石器时代遗址调查与试掘》，《考古》1992年第12期。
② 林必忠：《渝怀铁路重庆段古遗址》，收录于《中国考古学年鉴（2002）》，文物出版社，2003年。
③ 重庆市文物考古所、重庆文化遗产保护中心：《重庆公路考古报告集》，科学出版社，2010年。

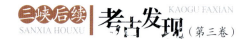

2 处、墓群 9 处；地面文物点 2 处。后期又对大湾湾田汉墓群、碾场嘴唐宋遗址、土坪商周遗址、罐子山明代墓地以及架担湾明代墓地等 5 处文物点进行发掘，共清理汉代砖室墓 13 座、明代砖室墓 5 座以及唐代灰坑 1 各，共出土文物 300 余件[①]。

3. 主动性考古工作

2004 年，重庆中国三峡博物馆基于对重庆地区元明清时期石刻造像的保护，于野外完成了调查工作，获得了大量造像资料。在长寿区调查了东林寺、观音岩、红岩、红岩子、郭家寺、石龙寨、显灵寺、罗斗山、正兴村、红庙、吊岩、白庙、石坪桥、佛耳、三教寺、黄荆岩、花佛岩、五云山、菩萨岩、二墩岩、老鹰嘴、高家岩、观音庙等 23 处摩崖龛像[②]。

（二）渝北区

渝北区于 1994 年撤江北县后始建，其所辖行政区域原为江北县内的 11 个乡镇，为论述方便，对渝北区既往考古工作的追溯以建区后为起点。自建区以来，渝北区的考古工作主要以配合城市的基本建设展开，同时也有部分主动性发掘，以下做简要介绍。

1. 配合基本建设考古工作

2001 年，为配合渝怀铁路的修建，重庆市文物考古所在渝怀铁路工程重庆段进行了调查。在渝北区发现了曹家院子民居、生基堡石室墓群等文物点。其中生基堡墓群有宋墓 2 座、明墓 1 座以及清墓 1 座[③]。

2003 年，重庆市文物考古所在人和镇发现清代家族墓群，共有墓葬 4 座，墓地前方立有牌坊，其中 2 座墓葬的墓室由青花瓷碗重叠黏合形成。葬

---

① 陈东：《长寿区江南镇重钢迁建区商周汉代至明代遗存》，收录于《中国考古学年鉴（2008）》，文物出版社，2009 年。

② 重庆中国三峡博物馆：《重庆地区元明清佛教摩崖龛像》，《考古学报》2011 年第 3 期。

③ 林必忠：《渝怀铁路重庆段古遗址》，收录于《中国考古学年鉴（2002）》，文物出版社，2003 年。林必忠：《渝怀铁路重庆段东汉至明清时期遗址》，收录于《中国考古学年鉴（2003）》，文物出版社，2004 年。

俗较为特殊^①。

2008 年，在洛碛镇三峡移民搬迁施工中发现墓葬 1 座，重庆市文物考古所联合渝北区文物管理所进行了发掘。该墓位于赵家湾，为凿山而建的竖穴岩坑木椁墓，出土陶器、铜器、银器、玉器、漆木器等，时代为战国末期至秦代。发掘结束后对周围进行了勘探，又发现宋明时期墓葬近 50 座^②。同年，重庆市文物考古所对洛碛镇的茅草坪遗址群、老锅厂墓群进行了发掘。其中茅草坪遗址群由石柱坝遗址、新房子遗址、长土遗址以及金塘遗址组成，遗址群的文化堆积以六朝至唐宋时期为主，商周文化层较薄^③。老锅厂墓群可分为院子丘墓地、文家湾墓地、窑子坪墓地、白家嘴墓地、庙堡墓地以及观音阁墓地等 6 处墓地，共清理墓葬 17 座，包括汉代砖室墓、土坑墓共 12 座，六朝墓葬 1 座，明代石室墓、砖室墓共 3 座以及明清瓮棺葬 1 座^④。

2011—2012 年，重庆市文化遗产研究院再次对赵家湾墓群进行发掘，共清理墓葬 34 座，包括砖室墓 23 座、石室墓 11 座，时代多为明代，家族墓群特征明显^⑤。

2. 主动性考古工作

2004 年，重庆中国三峡博物馆基于对重庆地区元明清时期石刻造像的保护，于野外完成了调查工作，获得了大量造像资料。在长寿区调查了同心摩崖龛像、新乡村摩崖龛像、观音滩摩崖龛像等 3 处造像^⑥。

---

① 郭弘、左茜：《渝北发现奇特清代墓群》，《重庆日报》2003 年 7 月 24 日第 006 版。

② 重庆市文化遗产研究院、重庆市渝北区文物管理所：《重庆渝北赵家湾墓群 M1 发掘简报》，《文物》2019 年第 6 期。

③ 陈东、白九江：《渝北区茅草坪商周至唐宋时期遗址群》，收录于《中国考古学年鉴（2009）》，文物出版社，2010 年。

④ 陈东：《渝北区老锅厂汉代及六朝明清墓群》，收录于《中国考古学年鉴（2009）》，文物出版社，2010 年。

⑤ 杨子龙：《渝北枳邑旧址赵家湾墓群发掘清理工作》，重庆考古网，2012 年 5 月 18 日

⑥ 重庆中国三峡博物馆：《重庆地区元明清佛教摩崖龛像》，《考古学报》2011 年第 3 期。

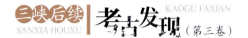

（三）南岸区

南岸区的考古工作起步较早。20 世纪 30 年代，美国传教士、华西协合大学博物馆馆长葛维汉在南岸区黄桷垭镇作地面调查时发现涂山窑，并将其称之为"重庆的建窑遗址"。1980 年，故宫博物馆专家冯先铭先生亦前往调查，并将涂山窑认定为宋代的黑釉瓷窑。此后，相关考古文博单位围绕涂山窑的发现在黄桷垭镇开展了一系列的考古调查和发掘工作，确认了庙岗、小湾、锯木湾、中药所、灯具厂、王庄、涂山湖、杨家棺山、老房子、酱园厂、桃子林（又名三块田窑址）、鸡冠石（又名慈母山窑址）等 12 处窑场，此后对黄桷垭镇十余处窑址的发掘成为中华人民共和国成立以来南岸区考古工作的核心部分。

1. 三峡工程文物保护工作

1980 年，重庆市博物馆对重庆市长江河段进行了考古调查，一共发现新石器时代遗址 22 处，其中南岸区内共有 3 处，分别为鸡冠石遗址、大沙溪遗址以及老君坡遗址。遗址因河水冲刷等原因破坏严重，文化层均暴露地面，采集标本基本为石器，有斧、凿、锄、锛、砍砸器等[1]。

1982 年，重庆市博物馆对王庄、涂山湖、航灯厂、小湾 4 个窑址进行了试掘，发现馒头窑 2 座，标本 1000 余件；1983 年，继续对小湾和桃子林窑址进行试掘，选集标本 1000 余件。两次选采的 2000 余件标本可分为金银器、石质生产工具、陶质窑具、瓷器四大类，以瓷器为主[2]。

1985—1988 年，重庆市博物馆对小湾窑址先后进行了四次发掘，揭露面积共计 700 余平方米。共清理作坊、陶洗池各 1 处、窑炉 3 座；挑选标本 2000 余件，以黑釉瓷器为主，兼烧青、白瓷[3]。

1988—1989 年，重庆市博物馆联合南岸区文管所对锯木湾窑址进行了发

---

① 重庆市博物馆：《重庆市长江河段新石器时代遗址调查与试掘》，《考古》1992 年第 12 期。
② 重庆市博物馆：《重庆市涂山宋代瓷窑试掘报告》，《考古》1986 年第 10 期。
③ 重庆市文物考古所：《重庆涂山窑》，科学出版社，2006 年。

掘，发掘面积 240 平方米。共清理窑炉 1 座，选择采集瓷器、窑具标本约 200件[1]。

2007—2008 年，山东省博物馆对南岸区广阳镇干溪沟遗址进行了发掘，发现了集中在汉至六朝时期的灰坑、灰沟、石板路、柱洞、墓葬等遗迹；出土可复原器物 100 余件，以陶器为主，另有铁釜、铜钱、漆器等[2]。

2. 配合基本建设考古工作

1973 年，南岸水泥厂在基建时发现一座东汉岩墓，重庆市博物馆随即前往清理。墓葬凿于基岩中，平面呈"凸"字形；墓葬早年经盗扰，现出土随葬品 85 件（钱币、残破物除外），包括陶器、铜器、铁器，以陶器为主[3]。

1985 年，南岸玄坛庙的重庆茶厂在基建时发现古墓，重庆市博物馆随即对墓葬进行清理，墓葬破坏严重，形制无从考证，仅索回元代影青瓷器 3件[4]。

2003 年，重庆市文物考古所为配合"江山多娇·天池林海"工程建设，对征地范围内的庙岗窑址、云南会地窑址以及小湾窑址进行了全面的考古调查和钻探[5]。同年，为配合黄桷垭镇南山购物中心工程建设，又对酱园窑址进行了较大规模的发掘工作，发掘面积 705 平方米。清理房址 1 座、窑炉 17座以及灰坑、堆煤场若干处；出土完整或可复原器物数千件、瓷片标本十万余件，包括瓷器、窑具、制瓷生产工具三大类。窑址的年代可分为三期，第一期为北宋晚期至南宋早期，第二期为南宋中晚期，第三期为南宋末期至元代[6]。

---

① 重庆市博物馆、重庆市南岸区文管所：《四川重庆涂山锯木湾宋代瓷窑发掘简报》，《考古》1991 年第 3 期。

② 中国考古学会编：《中国考古学年鉴（2008）》，文物出版社，2009 年。

③ 郭蜀德、王新南：《重庆市水泥厂东汉岩墓》，《四川文物》1987 年第 2 期。

④ 林必忠：《重庆南岸玄坛庙出土元代影青瓷器》，《四川文物》1987 年第 2 期。

⑤ 重庆市文物考古所：《重庆涂山窑》，科学出版社，2006 年。

⑥ 重庆市文物考古所：《重庆涂山窑—酱园窑址发掘简报》，《江汉考古》2007 年第 1 期。

2004 年，重庆市文物考古所再次对小湾窑址进行发掘，发掘面积 500 平方米。共清理建筑遗迹 4 座、窑炉 2 座以及灰坑 1 座。小湾窑址是目前涂山窑各窑址中现存面积最大、保存最好的一处，其年代在南宋末期至元代早期①。同年，对慈母山窑址进行了试掘工作，发现该处文化堆积厚约 2 米，出土盏、碗、碟、钵、罐等瓷器，釉色以黑褐色、柿色为主②。

2011 年，为配合基本建设，重庆文化遗产研究院又对云南会地、小湾窑址进行了抢救性发掘，发掘面积 800 平方米。此次对小湾遗址的发掘基本厘清了其制瓷工艺以及生产流程③。同年，对弹子石片区阳光 100 小区学校建设时发现的小石坝墓群进行了发掘，共清理崖墓 3 座、砖室墓 1 座，出土文物180 余件。其中一座崖墓年代为东汉晚期至三国时期④。

3. 主动性考古工作

1999 年，温玉成研究员、管维良教授以及南岸区文管所代月英女士对南岸区弹子石镇大佛殿明教石窟造像进行了考察，对造像各部分均进行了详细描述，留下了珍贵的影像和文字资料⑤。

2004 年，重庆中国三峡博物馆基于对重庆地区元明清时期石刻造像的保护，于野外完成了调查工作，获得了大量造像资料。在南岸区调查了大佛寺摩崖造像、五福殿摩崖龛像、金紫山大佛寺摩崖龛像、手巴岩摩崖龛像等⑥。

2010 年，为填补空白衔接缺环，重庆中国三峡博物馆古人类研究所对重庆主城周边高位阶地开展了有针对性的旧石器考古调查工作，调查主要包括渝中区、沙坪坝区、南岸区、江北区、大渡口区以及九龙坡区 6 区。其中在

① 重庆市文物考古所：《重庆涂山窑》，科学出版社，2006 年。

② 重庆市文物考古所：《重庆涂山窑》，科学出版社，2006 年。

③ 重庆文化遗产研究院、重庆文物考古所：《南岸涂山窑》，《考古重庆》2011 年。

④ 范鹏、白九江：《南岸区小石坝东汉至三国时期墓群》，收录于《中国考古学年鉴（2012）》，文物出版社，2013 年。

⑤ 温玉成：《重庆弹子石镇大佛段明教石窟造像》，《四川文物》2002 年第 2 期。

⑥ 重庆中国三峡博物馆：《重庆地区元明清佛教摩崖龛像》，《考古学报》2011 年第 3 期。

南岸区发现了盘龙村旧石器遗址[①]。

2011 年，重庆市文化遗产研究院在南岸广阳岛开展了考古调查工作，发现新石器时代的沱湾遗址、陈家湾遗址，汉至六朝时期的上坝嘴墓群以及楼士堡遗址等 4 处地下文物点[②]。

三、三峡后续考古成果综述

渝北区、长寿区及南岸区目前一共开展消落区地下文物抢救保护项目 4 项，共完成发掘面积 2500 余平方米。由于早期盗掘、后期人类活动破坏以及江水冲刷等原因，文物点整体保存情况不甚理想，但仍具有重要的文物价值和研究价值。由于项目工作开展较少，为论述方便，以下综合三个地区的考古成果进行简要论述。

表 1　长寿区、渝北区、南岸区三峡后续考古项目统计表

序号	项目编号	文物地点名称	发掘年度	发掘面积（平方米）	备注
1	2016-36	长寿巨梁沱遗址	2017	800	三峡后续消落区地下文物保护项目
2	2014-38	渝北赵家湾墓群	2015—2016	852	三峡后续消落区地下文物保护项目
3	2014-37	渝北沙公溪遗址	2015—2016	700	三峡后续落区地下文物保护项目
4	2014-39	南岸干溪沟遗址	2014	200	三峡后续消落区地下文物保护项目
合计				2552	

① 重庆中国三峡博物馆三峡古人类研究所、重庆市大渡口区文物管理所：《重庆主城周边旧石器考古调查研究》，收录于《第十三届中国古脊椎动物学学术年会论文集》，海洋出版社，2012 年。
② 上官林全：《南岸区广阳岛考古调查取得重要收获》，重庆考古网，2011 年 10 月 1 日。

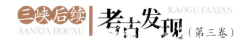

（一）先秦时期遗存

先秦时期遗存主要见于渝北沙公溪遗址、赵家湾墓群以及长寿巨梁沱遗址，前两者仅发现东周时期的文化层和灰坑，出土遗物包括石器和陶器，石器器类丰富，陶器则多为残片。后者巨梁沱遗址在时代上可进一步分为旧石器时代晚期向新石器时代初期过渡时期和商周时期两个阶段。旧石器时代晚期向新石器时代初期过渡阶段出土遗物以石器为主，包括锛、斧、砍砸器、刮削器、网坠、石核等；商周时期出土遗物较少，基本为陶器残片，可辨器型有平底器、圈足器、钵等。其中旧石器时代晚期向新石器时代初期过渡时期阶段考古遗存的发现填补了长寿地区首次发现的历史空白，同时，其堆积之厚、石制品数量之丰富等也是首次见于三峡地区考古，为这一阶段的人类活动等问题提供了重要的实物资料。

（二）秦汉至六朝时期遗存

秦汉至六朝时期遗存见于渝北区赵家湾墓群文物点和南岸干溪沟遗址。赵家湾墓群汉代遗存以墓葬为主，大量砖室墓被晚期活动破坏殆尽，仅发现少量竖穴土坑墓，出土遗物较少。南岸干溪沟遗址汉代遗存包括墓葬和灰坑各1座，出土器物包括陶罐、陶网坠、陶钵、陶盆、陶钟、钱币等。

（三）唐宋至明清时期遗存

唐宋至明清时期遗存主要见于渝北区赵家湾墓群和沙公溪遗址。赵家湾墓群以宋代文化堆积为主，清理遗迹类型包括房址、墓葬、灰坑以及灰沟，出土遗物质地包括陶器、瓷器、石器以及铜器，器物类别以生活用器和建筑构件以及铜钱为主。沙公溪遗址的文化堆积以明清时期为主，遗迹仅清理墓葬，出土遗物可辨器型包括瓷碗、瓷盘、瓷盏、瓷壶、瓷罐等，对我们研究重庆主城区明清时期的社会生活、丧葬习俗等具有较为重要的意义。

四、三峡后续代表性考古发现

（一）巨梁沱遗址

巨梁沱遗址位于长寿区江南街道龙山社区八组至巨（锯）梁沱村五组长江边的第二级阶地边缘地带，东边是长江，西北距长寿区江南街道约4000米。2017年，该遗址正式进行发掘，发掘面积800平方米，出土遗物1519件，包括石制品712件、陶器305件（片）、瓷器5件，另外还有完整的动物遗骸360余件（个）。时代包括旧石器时代晚期至新石器时代初期、商周时期、汉代以及明清时期，其中以旧石器时代晚期至新石器时代初期、商周时期以及汉代遗存最为重要。

旧石器时代晚期至新石器时代初期遗存以石制品为主，器型有锛、斧、砍砸器、刮削器、网坠、石核等，数量十分丰富，推测此处原应有一处石器

巨梁沱遗址B区全景照

巨梁沱遗址 A 区完工照

制作露天加工场，该发现填补了长寿地区该阶段发现的历史空白，为研究三峡地区这一时期的人类活动历史提供了丰富的实物资料[①]。

商周时期陶器数量发现较少，基本为陶器残片，且多为夹砂陶，个别为泥质陶；陶片大多为素面，部分器表有纹饰，包括绳纹、菱格纹、篮纹、划纹、弦纹、戳印纹等；可辨器型有平底器、圈足器、钵等。

汉代陶器发现数量较多，以生活用具和建筑材料为主。陶器多为泥质陶，少量夹砂陶；器表以素面为主，部分装饰纹饰，以绳纹为主，还包括方格纹、弦纹以及箍带纹；可辨器型有盆、钵、壶、罐、甑、碗、瓦当等。

---

① 杨华、何学琳：《长寿县巨梁沱旧石器时代至新石器时代及商周汉代遗址》，收录于《中国考古学年鉴（2018）》，中国社会科学出版社，2019年。杨华、余菀莹：《重庆长寿巨梁沱遗址考古发掘与收获》，《重庆师范大学学报（社会科学版）》2018年第2期。

（二）赵家湾墓群

赵家湾墓群位于渝北区洛碛镇洛碛村 6 组，位于长江西岸台地之上，海拔 172 米。2015—2016 年，对该墓群进行了第三次发掘，发掘面积 852 平方米。共清理了房址 4 座、墓葬 4 座、灰坑 33 座、灰沟 1 条，出土文物标本980 余件，时代涵盖了商周至明清时期，其中以汉代墓葬遗存、宋代建筑生活遗存最为重要。

渝北赵家湾墓群远景

赵家湾墓群完工照

赵家湾墓群西汉竖穴土坑墓（M2）

赵家湾墓群宋代灰坑（H18）

赵家湾墓群宋代灰坑局部（H3）

汉代遗存以墓葬为主，包括砖室墓和竖穴土坑墓。其中砖室墓被晚期遗存破坏殆尽，墓砖散落四处，仅竖穴土坑墓相对保存较好。竖穴土坑墓平面呈长方形，侧壁及一角被晚期灰坑打破，保存有部分人骨，原或为仰身直肢葬。随葬品以陶罐为主，另有铜釜、钱币等。

宋代遗存以房址和灰坑为主。房址以条石砌筑，现存一廊道结构以及数个长方形的封闭式结构，原布局已不明，推测或与储物相关，出土有滴水等建筑构件。灰坑内出土大量瓷器及瓷片，其釉色包括青釉瓷、白釉瓷、豆绿釉瓷、白底黑花瓷、天青釉瓷等，器型以生活用具为主，有罐、碗、盘、盏、灯、杯、钵等。

整体而言，该文物点延续时间较长，商周时便有人类活动；汉代时堆积以墓葬为主，因此更多的应是作为墓地使用；宋时文化堆积较厚，遗物丰富，结合遗物类别推断这一时期应为当时的市镇所在。

（三）沙公溪遗址

沙公溪遗址位于重庆市渝北区洛碛镇青木村 12 组沙公溪。其东邻长江，位于西岸坡地，南、北、西接低山、河湾，海拔较低。2007 年，对该遗址进行了第一次发掘，2015—2016 年，对该遗址进行了第二次发掘，发掘面积700 平方米，清理了明清时期墓葬 1 座、灰沟 1 条以及灰坑 10 座，发现了较厚的东周文化层堆积。东周遗存包括石器和陶器。石器器型包括锛、斧、刮

沙公溪遗址 A 区全景

沙公溪遗址 B 区全景

沙公溪遗址 C 区全景

削器等，陶器以残片为主，可辨器形有罐、盆、瓠、尖底杯、壶、豆以及平底器等，该发现是重庆主城区商周考古工作的一个重要突破口，为我们认识重庆主城区商周文化遗存面貌提供了重要的考古资料。

沙公溪遗址明代石室墓（M1）

明清时期墓葬为双室石室墓，墓室平面呈长方形，墓室以砂石板构筑，石盖板及墓室后半部已被破坏，现存石门两扇。因早年被盗，墓内未见人骨，葬式、葬具不明，未见随葬品。灰坑内出土器物种类丰富，包括青花瓷碗、釉陶鸡首壶、釉陶钵、釉陶杯、釉陶灯座等。

（四）干溪沟遗址

干溪沟遗址位于南岸区广阳镇源江村干溪沟，地处长江右岸的三级台地上，遗址隔长江与鱼嘴镇相望，海拔 175 米。2014 年，对该遗址正式进行发掘，发掘面积 200 平方米，清理汉代墓葬和灰坑各 1 座，共出土标本 82 件。

干溪沟遗址新莽至东汉初土坑墓（M1）

汉代墓葬为长方形竖穴土坑墓，口大底小，壁偏斜直，底略平，未见葬具与骨架。随葬品位于墓葬南部，包括陶罐 6 件、陶网坠 1 件、陶钵 3 件、陶盆 1 件、陶锤 1 件以及铜钱币 2 组 11 枚，其中钱币均为"货泉"，因此该墓时代应为新莽至东汉初期。灰坑内土遗物皆为陶器，均为器物腹部残片。其余遗物多出土于地层堆积中，包括陶罐 4 件、陶盆 6 件、石网坠 49 件。

此次发掘的遗存在时代上可分为早、晚两个阶段，早段遗存为墓葬和灰坑，晚段遗存以地层中出土的大量石网坠为代表，其多与青花瓷片共出于耕土层，因此其时代应为清代。相比 2007—2008 年的首次发掘，此次发掘进一步丰富了该遗址的文化内涵，为涪陵至主城区间的汉代考古学研究提供了新的参考[1]。

---

① 重庆市文化遗产研究院、南岸区文物管理所：《重庆市南岸区干溪沟遗址 2014 年度发掘简报》，《长江文明》2019 年第 2 期。

石核

巨梁沱遗址出土

旧石器时代

石核

巨梁沱遗址出土

旧石器时代

石片

巨梁沱遗址出土

旧石器时代

石片

巨梁沱遗址出土
旧石器时代

石片

巨梁沱遗址出土
旧石器时代

石片

巨梁沱遗址出土
旧石器时代

磨制石斧

巨梁沱遗址出土
新石器时代

陶器座

巨梁沱遗址出土
商周

陶钵

巨梁沱遗址出土
商周

石斧

巨梁沱遗址出土
商周

2017CJBT3③:19

石锛

巨梁沱遗址出土
商周

石锛

巨梁沱遗址出土
商周

陶豆

沙公溪遗址出土
东周

陶杯

沙公溪遗址出土
东周

石锛

沙公溪遗址出土
东周

石锛

沙公溪遗址出土

东周

双肩石锄

沙公溪遗址出土

东周

石斧

沙公溪遗址出土

东周

铜鸟形饰

赵家湾墓群出土
战国至汉初

银鸠杖首

赵家湾墓群出土
战国至汉初

玉璜

赵家湾墓群出土
战国至汉初

玉璧

赵家湾墓群出土
战国至汉初

钱币

巨梁沱遗址出土
汉代

陶罐

干溪沟遗址出土
新莽至东汉初期

陶罐

干溪沟遗址出土
新莽至东汉初期

陶罐

干溪沟遗址出土
新莽至东汉初期

陶罐

干溪沟遗址出土
新莽至东汉初期

陶瓮

干溪沟遗址出土
新莽至东汉初期

陶瓮

干溪沟遗址出土
新莽至东汉初期

陶盆

干溪沟遗址出土
新莽至东汉初期

陶钵

干溪沟遗址出土
新莽至东汉初期

陶钵

干溪沟遗址出土
新莽至东汉初期

陶锺

干溪沟遗址出土
新莽至东汉初期

陶网坠

干溪沟遗址出土
新莽至东汉初期

酱釉瓷双系罐

赵家湾墓群出土
宋代

瓷四系罐

赵家湾墓群出土
宋代

酱釉瓷双系罐

赵家湾墓群出土
宋代

白瓷双系罐

赵家湾墓群出土
宋代

白地黑花瓷梅瓶

赵家湾墓群出土
宋代

黑釉瓷罐

赵家湾墓群出土
宋代

白釉瓷罐

赵家湾墓群出土
宋代

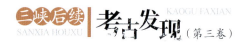

青白釉瓷瓜棱罐

赵家湾墓群出土
宋代

青瓷碗

赵家湾墓群出土
宋代

窑变釉瓷盏

赵家湾墓群出土
宋代

黑釉瓷碗

赵家湾墓群出土
宋代

天青釉瓷碗

赵家湾墓群出土
宋代

窑变釉瓷盘

赵家湾墓群出土
宋代

天青釉瓷斗笠碗

赵家湾墓群出土
宋代

黑釉瓷盏

赵家湾墓群出土
宋代

酱釉瓷碗

赵家湾墓群出土
宋代

酱釉瓷碗

赵家湾墓群出土

宋代

黑釉瓷碗

赵家湾墓群出土

宋代

白瓷碗

赵家湾墓群出土
宋代

白瓷碗

赵家湾墓群出土
宋代

白瓷碗

赵家湾墓群出土
宋代

226

豆绿釉瓷斗笠碗

赵家湾墓群出土
宋代

豆绿釉高足碗

赵家湾墓群出土
宋代

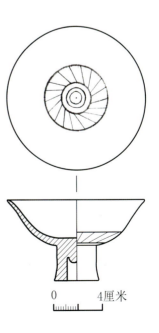

0　　4厘米

黑釉瓷碗

赵家湾墓群出土
宋代

酱釉缸胎盏

赵家湾墓群出土
宋代

窑变釉瓷盏

赵家湾墓群出土
宋代

黑釉瓷盏

赵家湾墓群出土
宋代

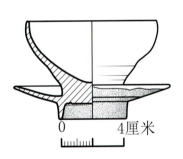

0　4厘米

黑釉瓷盏

赵家湾墓群出土
宋代

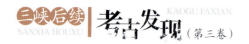

豆绿釉瓷盏

赵家湾墓群出土
宋代

青釉瓷碟

赵家湾墓群出土
宋代

白釉瓷碟

赵家湾墓群出土
宋代

白釉瓷碟

赵家湾墓群出土
宋代

白釉瓷碟

赵家湾墓群出土
宋代

豆绿釉瓷碟

赵家湾墓群出土
宋代

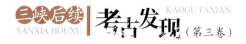

灰白釉匣钵

赵家湾墓群出土
宋代

白釉小瓷杯

赵家湾墓群出土
宋代

酱釉瓷钵

赵家湾墓群出土
宋代

黑釉瓷瓶

———————————

赵家湾墓群出土
宋代

青釉瓷灯

———————————

赵家湾墓群出土
宋代

青釉瓷盒盖

———————————

赵家湾墓群出土
宋代

陶兽面纹滴水

赵家湾墓群出土
宋代

陶兽面纹滴水

赵家湾墓群出土
宋代

0   4厘米

黄釉匣钵

赵家湾墓群出土
宋代

青花瓷灯

赵家湾墓群出土
明代

青花瓷盘

赵家湾墓群出土
清代

青花瓷单耳壶

沙公溪遗址出土
明清

缸胎单耳壶

沙公溪遗址出土
明清

缸胎单耳壶

沙公溪遗址出土
明清

缸胎钵

沙公溪遗址出土
明清

缸胎杯

沙公溪遗址出土
明清

釉陶灯

沙公溪遗址出土
明清

青花瓷碗

沙公溪遗址出土
明清

HOUJI

　　《三峡后续考古发现（第三卷）》由丰都、涪陵、长寿、渝北、南岸等5个区县的相关考古成果组成。本书涉及的项目实施过程中，得到了涪陵区博物馆（涪陵区文物管理所）、丰都县文物管理所、渝北区文化遗产保护中心、南岸区文物管理所、长寿区文物管理所等单位的大力支持，协作完成了各级政府协调、发掘区青苗补偿等工作，为项目按期完成提供了有力保障。重庆师范大学、河南大学等高校，以及涪陵区博物馆（涪陵区文物管理所）、丰都县文物管理所等单位抽调专业技术人员，与重庆市文化遗产研究院合作完成了部分项目的发掘工作。

　　本书编撰过程中，重庆市文化遗产研究院白九江、方刚、李大地等研究员对本书提出了很多宝贵意见。

　　本书丰都、涪陵篇由汪伟执笔，长寿、南岸、渝北篇由叶小青执笔，汪伟完成了对全书的校对修改和统稿，白九江对全书进行了审定。孙吉伟为本书拍摄了一批出土文物照片，陈芙蓉参与部分图片制作。重庆市文化遗产研究院文物保管研究所为编撰过程中查阅资料提供了诸多便利。四川大学出版社梁胜先生为本书编撰提供了大力支持，在此对以上领导、专家和同仁致以诚挚感谢！

　　受限于编者能力和水平，本书疏漏、不足之处难免，敬请专家、学者批评指正！

编　　者
2023 年 8 月